第一单位：吉林财经大学

资助情况：吉林财经大学资助出版

吉林财经大学经济学院资助

吉林省社会科学基金项目（2022C34）资助

吉林省哲学社会科学智库基金项目资助

吉林财经大学马克思主义经济学研究中心专项（2022MY001）科研项目资助

贸易摩擦的
政治经济学
分析

POLITICAL ECONOMICS
ANALYSIS OF

TRADE
FRICTION

张 巩 著

社会科学文献出版社

SOCIAL SCIENCES ACADEMIC PRESS (CHINA)

摘　要

　　2008 年爆发的金融危机使世界经济陷入了衰退的泥潭，如今危机虽已过去 10 余年，但主要发达国家经济增长依然乏力，难以摆脱不景气的困境。2020 年初，新冠疫情席卷全球，多国采取控制社交距离措施，全球需求萎缩，投资规模锐减，产业链、供应链断裂，国际贸易面临不利的政策环境，贸易下降趋势不可避免。这表明，20 世纪 70 年代以来由生产资本拉动的最强劲的全球化已经落潮，西方发达经济体主导经济全球化的能力下降，英国脱欧、乌克兰危机、意大利修宪公投失败、美国"退群"、中美贸易摩擦等一系列事件似乎都印证了逆全球化趋势的加剧。伴随着逆全球化，各国保护主义呼声越来越强烈。根据国际贸易理论，当保护主义盛行之时，贸易摩擦极易产生。面对当前经济形势复杂多变，贸易摩擦风险加大的国际局势，国内外学者基于不同的视角对贸易摩擦问题进行了分析和研究，但从总体上来看，缺乏对该问题系统的政治经济学分析。马克思主义政治经济学是研究生产关系即经济利益关系的学说，而贸易摩擦的本质就是国家间经济利益关系矛盾运动的产物，因此有必要也有可能从政治经济学角度深入研究贸易摩擦的根源及生成机理，并结合我国实践经验提出应对贸易摩擦的中国智慧。

　　本书构建了一个贸易摩擦的政治经济学分析框架，运用马克思国际价值理论阐述贸易摩擦的生成机理。在马克思主义政治经济学看来，国际市场上的商品交换是以国际价值为基础实行等价交换的。由于各国技术水平和劳动生产率不同，国别价值存在差异，因此在按照国际价值进行商品交换时就会产生不同的结果：劳动生产率较高、国别价值低于国际价值的国家会获得超额利润；劳动生产率较低、国别价值高于国际价值的国家就会亏损。因此，为了获得更多的国际超额利润，在国际价值规律的作用下，发达国家和发展中国家形成了不同的国际分工，由该分工所产生的经济利益分配关系是不稳定的，当这一关系发生变动或存在潜在变动因素时，极易产生贸易摩擦。同时，本书分析了贸易摩擦产生的理论前提，并对引起贸易摩擦的其他相关因素进行了政治经济学解释。在此基础上，本书从发达国家和发展中国家间贸易摩擦、发达国家间贸易摩擦、发展中国家间贸易摩擦等几个方面对贸易摩擦的成因进行了实证分析，检验了贸易摩擦政治经济学分析框架的解释和说明能力。鉴于守成大国与新兴大国的贸易摩擦成因具有特殊性，本书以中美贸易摩擦为例分析了守成大国与新兴大国贸易摩擦的生成因素并进行了实证检验，检验结果显示美国 GDP 增长率、中国技术进步率、人民币兑美元汇率与中美贸易摩擦数量存在显著的相关性，进一步印证了贸易摩擦的本质是国家间经济利益关系矛盾运动的产物。其应对之策也必须从维护国家利益入手，不断提高我国生产力水平，通过夯实国家基础、化解国内过剩产能、扩大对外开放、畅通经济内循环系统、加强金融市场监管等途径促进国家经济高质量发展。

Abstract

The international financial crisis that broke out in 2008 has plunged the world economy into a quagmire of recession. Although the crisis has passed more than ten years now, the economic growth of major developed countries is still weak and it is difficult to get rid of the recession. At the beginning of 2020, CO-VID – 19 swept the world. Many countries adopted the measures to control social distance. Global demand has shrunk, the scale of investment has dropped sharply, the industrial chain and supply chain have been broken, international trade is facing unfavorable policy environment factors, and the downward trend of trade is inevitable. This shows that the strongest globalization driven by production capital since the 1970s has fallen. The decline in the ability of Western developed economies to lead economic globalization. A series of events such as the United Kingdom has left the European Union, the Ukraine crisis, the failure of Italy's constitutional amendment referendum, the withdrawal of the United States and the Sino-US trade friction seem to confirm the intensification of the trend of anti-globalization. With the anti-globalization, the voice of protectionism has become stronger and stronger. According to the theory of international trade, when protectionism prevails, trade frictions are easily generated. Facing the current complex and volatile international situation with increasing risks of trade frictions, scholars at home and abroad have analyzed and studied the issue of trade frictions from different perspectives, but on the whole, they lack a systematic political economy on this issue. Marxist political economy is a doctrine that studies the relationship of production, that is, the relationship of economic interests, and the essence of trade friction is the product of the contradictory movement of economic interest relations between countries. Therefore, it is necessary and possible to study the root cause of trade friction from the perspective of political economy, and put forward China's wisdom to deal with trade friction combined with China's practical experience.

This article constructs a political economic analysis framework of trade friction, and uses Marx's theory of international value to explain the mechanism of trade friction. From the perspective of Marxist political economy, in the international market, product exchange is based on international value as the basis for equivalent exchange. Due to the differences in technology level and labor productivity in different countries, there are differences in country value, so different results will be produced when commodities are exchanged according to international value: Countries with higher labor productivity and lower national value than international value will obtain excess profits; Countries with lower labor productivity and whose national value is higher than their international value will lose money. Therefore, in order to obtain more international excess profits, different international division of labor between developed and developing countries has been formed under the action of international value law. The distribution of economic benefits generated by this division is unstable. When the relationship changes or there are potential factors of change, it is very easy to produce trade frictions. At the same time, this article analyzes the root causes of trade frictions and makes political economic explanations of other relevant factors that cause trade frictions. On this basis, this article empirically analyzes the factors of trade friction from the aspects of trade friction between developed countries and developing countries, trade friction between developed countries and trade friction between developing countries, and tests the explanatory power of the political economy analysis framework of trade friction. In view of the particularity of the causes of trade frictions between conservative powers and rising powers, this paper takes Sino-US trade frictions as an example to analyze the causes of trade frictions between conservative powers and rising powers, and makes an empirical test. The test results show that there is a significant correlation between the US GDP growth rate, China's technological progress rate, and the exchange rate of RMB against the US dollar and the number of Sino-US trade frictions, which further proves that the essence of trade friction is the product of the contradictory movement of economic interests between countries. The countermeasures must also start from safeguarding national interests, continuously improve China's productivity level, and promote the high-quality development of the national economy by consolidating the national foundation, resolving excess capacity, further opening up to the outside world, unblocking the economic internal circulation system, strengthening financial market supervision.

目　录

绪　论

第一节　问题的提出

马克思和恩格斯曾在《共产党宣言》中指出："资产阶级，由于开拓了世界市场，使一切国家的生产和消费都成为世界性的了。"[①] 世界市场的形成，使各个国家密切联系在一起，然而，世界市场的扩展、经济全球化的趋势并不是国际贸易领域中的唯一旋律，逆全球化、国际贸易摩擦始终如幽灵般充斥在全球化进程中。

根据李嘉图的比较优势理论和赫克歇尔－俄林的要素禀赋论，贸易可以实现互利共赢，提高各贸易国的福利水平。然而，贸易保护主义和贸易摩擦显然颠覆了这种观点，尤其是贸易获利国挑起贸易摩擦的现象更是让人困惑。历史上，贸易保护主义浪潮曾出现过几次高涨的态势，其间贸易摩擦数量均大幅增加。20 世纪 70 年代以来，西方发达国家为摆脱"滞胀"困境，开始奉行新自由主义，推动并主导了由生产资本拉动的最强劲的全球化，自由贸易得到了前所未有的发展。然而，自 2008 年金融危机起，世界经济陷入了衰退的泥潭，发达国家贸易保护主义愈演愈烈，不断制造并升级贸易摩擦，仅美国就推出了 600 多项贸易保护措施。特朗普就任美国总统以来，采取"美国优先"的贸易单边主义，不断退出国际合作组织，对盟友及近邻挑起贸易摩擦。其他发达国家也纷纷举起了贸易保护主义大旗，如英国脱欧、乌克兰危机、意大利修宪公投失败等，种种迹象表明逆

[①]　《马克思恩格斯选集》（第 1 卷），人民出版社，1995，第 276 页。

全球化浪潮正在扰乱由自由贸易建立起来的国际经济秩序，贸易摩擦风险不断加大。根据国际贸易理论，当贸易保护主义盛行之时，贸易摩擦数量会呈现上升趋势。此番逆全球化引起的贸易摩擦、贸易单边主义浪潮是由以美国为首的发达国家推动和主导的，而中国则成为首当其冲的受害者。

贸易摩擦的产生说明国际贸易中存在固有的国家利益冲突，这是传统贸易理论无法解释的，理应另辟蹊径。马克思主义政治经济学是研究生产关系即经济利益关系的学说，而贸易摩擦就是国家间经济利益关系矛盾运动的产物，因此，有必要从马克思主义政治经济学视角深入研究贸易摩擦问题。鉴于对贸易摩擦问题的研究主要是对贸易摩擦成因的分析，因此，本书将运用马克思主义政治经济学原理分析贸易摩擦产生的理论前提、贸易摩擦的生成机理及引起贸易摩擦的其他相关因素，有助于更好地研究国际贸易摩擦现象，理解曾经推崇全球化并获利颇丰的发达经济体挑起贸易摩擦的深层机理，厘清中美贸易摩擦的深层次原因，从而准确把握世界经济发展趋势，有理、有力、有节地应对贸易摩擦。

第二节　研究意义

一　理论意义

马克思主义政治经济学是研究生产关系即经济利益关系的学说，而贸易摩擦的本质就是国家间经济利益关系矛盾运动的产物，因此，可以从经济利益关系入手去分析、理解贸易摩擦问题。本书将其纳入马克思主义政治经济学分析框架，把马克思主义政治经济学原理同贸易摩擦的实际相结合，运用政治经济学理论对国家间贸易摩擦的生成机理进行分析并实证检验，形成符合实际的理论判断，对于运用马克思主义政治经济学认知、回答、应对贸易摩擦具有重要的理论意义。

运用马克思主义政治经济学原理，本书认为贸易摩擦产生的理论前提是生产相对过剩。这一认识深刻揭示了贸易摩擦形成的根本原因，是讨论贸易摩擦问题的理论前提。进一步地，由于国际贸易中的经济利益关系是在对国际超额利润的追逐和争夺过程中形成的，而国际超额利润是马克思国际价值理论中的一个重要范畴。运用这一理论可以发现，一方面，国际超额利润来自国别价值低于国际价值的差额。在一国内部，商品的价值是由生产该商品所消耗的社会平均必要劳动时间决定的，但是，当商品超越国家的地域范围进入世界市场时，其价值就不再由任何一国的社会平均必要劳动时间决定，而是由国际社会平均必要劳动时间决定。国际社会平均必要劳动时间是指在世界的平均技术条件下，在各国劳动者的平均劳动强度和劳动熟练程度下，生产某种商品所需要耗费的国际社会平均必要劳动时间，它构成商品的国际价值。一国商品的国别价值在多大程度上表现为国际价值，要视各国的技术水平、劳动生产率和劳动强度而定。一般来说，技术水平越高、劳动生产率和劳动强度越高的国家越能够获得国际超额利润，在国际贸易中越处于有利地位。另一方面，根据国际生产价格理论，即马克思的生产价格理论，由一国内部向国际上的延伸和扩展，国际超额利润又来自平均利润率难以形成的垄断产业或价值链生产环节。基于这两方面生成因素，参与贸易的各国在对国际超额利润的追逐过程中逐渐形成这样一种经济利益分配关系，即发达国家凭借较高的劳动生产率和对高技术产业及价值链高端环节的垄断，获得丰厚的超额利润；发展中国家则只能从劳动密集型产业和制造业的加工、组装等环节中获取微薄的加工费。但是，这种经济利益分配关系并不是一成不变的，当处于原分配关系中的某个国家的劳动生产率和技术水平发生变化，从而改变了国际超额利润在原有国家间的分配时，国家间经济利益关系就会出现矛盾与冲突，引发贸易摩擦。

二 现实意义

纵观国际贸易史，贸易摩擦从未消失，贸易摩擦的本质是国家间经济利益关系矛盾运动的产物。作为独立的主权国家，经济利益不可能永远一致，尤其是在当今国际分工深化，全球价值链深度融合的国际贸易背景下，各国技术水平、劳动生产率、要素禀赋的变化，产业结构以及国际价值链生产环节的调整都会改变国际超额利润的分配，从而改变国家间经济利益分配关系，导致国家间经济利益关系出现矛盾与冲突，产生贸易摩擦。首先，从国际大环境来看，当今世界正处于大发展、大变革、大调整时期。一方面，西方发达经济体还没有从2008年金融危机导致的经济衰退中摆脱出来，国内产业结构面临严重问题，美国的霸权地位日趋衰落，提供国际公共产品的能力不足，贸易保护主义倾向凸显。另一方面，以中国为代表的新兴国家开始成为推动建立国际经济新秩序的重要力量，并且希望与美国共商共建共享世界经济发展成果。这种"一起一落"的对比，极大地挑战了已有的国际经济利益分配格局，出于国家利益考量，守成大国为维持自身在相关产业和生产环节中的垄断地位，必然会对新兴国家的发展加以遏制，在被赶超领域与新兴大国发生激烈竞争，贸易摩擦愈演愈烈。因此，从国际经济形势来看，贸易摩擦不可避免。其次，从中国国内当前发展阶段来看，中国社会的主要矛盾已经转变为人民日益增长的美好生活需要和不平衡不充分的发展之间的矛盾。这说明随着我国生产力水平的不断提高，人民对美好生活的需要有了更高质量的要求。为此，一方面，为满足人民对美好生活的需要，中国必须充分利用好国内国外"两种资源"和国内国际"两个市场"，坚持实施更大范围、更宽领域、更深层次的对外开放；另一方面，要在深刻理解贸易摩擦本质的基础上妥善应对和处理贸易摩擦问题，从马克思主义政治经济学的立场、观点出发，结合我国当前社会主要矛盾提出应对贸易摩擦的策略。

第三节　研究思路与结构框架

本书主要包括六部分，分别是：绪论；第一章贸易摩擦问题的相关研究综述；第二章贸易摩擦的政治经济学分析框架；第三章贸易摩擦成因的分类考察；第四章守成大国与新兴大国贸易摩擦——以中美贸易摩擦的成因分析；第五章贸易摩擦问题政治经济学分析的若干结论及应对策略。

第一章是贸易摩擦问题的相关研究综述，主要从贸易摩擦的内涵、贸易摩擦的成因、应对贸易摩擦的策略三方面对贸易摩擦问题的已有研究文献进行系统梳理。通过对已有文献的梳理，可以发现比较缺乏从政治经济学角度对贸易摩擦本质进行深入研究的文献。鉴于贸易摩擦的本质是国家间经济利益关系矛盾运动的产物，而政治经济学就是研究生产关系即经济利益关系的学说，因此，可以从政治经济学角度对贸易摩擦问题进行深入研究。

第二章是贸易摩擦的政治经济学分析框架，主要由六部分组成。一是贸易摩擦产生的理论前提：生产相对过剩。生产相对过剩形成于生产的无限性和消费的有限性之间的矛盾。资本主义生产的高度社会化在资本本质的作用下会导致生产的无限扩大，而同时消费却是有限的，这是由生产资料的私人占有以及消费能力在生理约束、时间约束和预算（收入）约束下的有限性所决定的。在这两方面的共同作用下，一国国内总供给超过总需求，各国产品为寻求销路冲出国门走向世界，为争夺有限的市场份额而引发贸易摩擦。二是贸易摩擦的生成机理。根据马克思国际价值理论，在世界市场上，商品交换要以国际价值为基础实行等价交换，商品的国际价值是由生产该商品的国际社会平均必要劳动时间决定的。技术水平、劳动生产率越高的国家其国别价值就越低于国际价值，在国际贸易中越能够获得更多的超额利润。因此，在国际价值规律的作用下，为了获得更多的国际超额利润，一国会选择从事劳动生产率高且生产成本低的产业和生产环节。同时，根据国际生产价格理论，国际超额利润又来自平均利润率难以形成的垄断产业或价值链生产环节。基于这两点，在对国际超额利润的追逐过程中，形成了发达国家和发展中国家不同的国际分工。基于这种分工所产生的经济利益分配关系是不稳定的，即国际超额利润在各国之间的分配会随着某个国家的劳动生产率、技术水平的变化而改变，导致国家间经济利益关系出现矛盾与冲突，引发贸易摩擦。三是贸易摩擦的内因分析：国内经济利益关系的矛盾与冲突。该部分主要从资本有机构成的变化、全球化的"不可能三角"、市场扩张与约束的"双向运动"三方面阐述国际贸易对一国不同群体的影响是非中性的，由于全球化而利益受损的群体会组织起来要求政府采取贸易保护主义政策，由此产生贸易摩擦。其中第一方面与全球化无关，而在于资本主义国家国内阶级矛盾的冲突，但是政府往往为了转嫁国内矛盾而挑起贸易摩擦，让利益受损群体认为是国际贸易抢走了他们的饭碗。四是贸易摩擦的外因分析：国家间经济利益关系的矛盾与冲突。透过贸易摩擦现象可以看出，国内的价值规律到国际上似乎失灵了，一国国内由于企业劳动生产率提高进而引发市场竞争优胜劣汰的准则应用到国际贸易中就可能会产生贸易摩擦，这是因为国际贸易中存在固有的国家利益冲突。这一节将从产业间贸易、产业内贸易、产品内贸易三方面分析一国技术进步、劳动生产率提高所导致的国家间经济利益分配发生变化，国家间经济利益关系出现矛盾与冲突，从而产生贸易摩擦的过程；选取产业内贸易建立模型，探讨一国生产率提高、技术进步是否会引发国家间经济利益关系出现矛盾与冲突，以及冲突的可能区间。五是贸易摩擦中的认知冲突：经济发展模式的国家间差异。由于各国经济发展模式存在差异，因此在对待国内产业的发展上以及处理政府与市场关系的做法上都有不同的认知，而这种认知的冲突会不断反映在国际贸易摩擦中。六是贸易失衡引发贸易摩擦的表象与本质。贸易失衡即贸易不平衡，通常是由于一国出现贸易逆差而向其主要顺差国挑起贸易摩擦，由贸易逆差引发的贸易摩擦包括逆差 = 亏损和逆差 ≠ 亏损两方面，本书主要研究后者，从为什么会产生贸易失衡、贸易失衡哪方获利、为什么获利一方挑起贸易摩擦三方面阐述贸易失衡引发贸易摩擦的表象与本质。

第三章是贸易摩擦成因的分类考察。贸易摩擦的政治经济学分析框架揭示了贸易摩擦的产生具有一般规律性的因素，但有待于进一步检验这些规律对贸易摩擦事实的解释和说明能力。因此，在第三章，本书分别结合发达国家与发展中国家间贸易摩擦、发达国家间贸易摩擦、发展中国家间贸易摩擦的实际及案例对贸易摩擦产生的原因进行分析，发现不同类别的贸易摩擦问题都可以在政治经济学分析框架中得到解释。

第四章是守成大国与新兴大国贸易摩擦——以中美贸易摩擦的成因分析。鉴于守成大国与新兴大国间的贸易摩擦在体现贸易摩擦成因一般规律的同时还具有一定的特殊性，本章以 2000～2018 年的中美贸易摩擦为例进行实证分析，认为中美贸易摩擦属于新兴大国与守成大国之间的贸易摩擦，本质上是守成大国零和博弈思想作祟，旨在遏制中国发展，是两国经济利益关系矛盾运动的产物。本章包括四部分。第一部分阐述了守成大国与新兴大国贸易摩擦成因的特殊性。第二部分总结了中美贸易摩擦的历史轨迹。第三部分在贸易摩擦政治经济学分析框架下对中美贸易摩擦成因进行实证分析。基于中美两国经济利益关系矛盾运动，该部分提出了观察中美贸易摩擦的逻辑线索，即中国技术进步，劳动生产率提高→要素禀赋结构及比较优势发生变化→产业结构升级，在全球价值链中的地位提高→进入美国所垄断的保留产业，压缩美国在全球市场上的获利空间→中美贸易的经济利益分配发生改变，经济利益关系出现矛盾与冲突→美国采取战略性贸易政策，向中国挑起贸易摩擦，意图遏制中国技术进步和全球价值链地位的攀升。该部分指出，中美贸易摩擦凸显两国在政府与市场关系认知上的冲突，是守成大国零和博弈思想作祟，旨在遏制中国发展。在此基础上，本章的第四部分选取美国 GDP 增长率、美国失业率、中国技术进步率、人民币兑美元汇率、中美贸易顺差额作为解释变量,通过回归分析,检验这些变量与中美贸易摩擦数量的相关性,对中美贸易摩擦的生成因素进行实证检验。

第五章是贸易摩擦问题政治经济学分析的若干结论及应对策略。当前,处于世界经济增长持续放缓、逆全球化浪潮来势凶猛、贸易摩擦频频发生的国际背景,我们要善于运用马克思主义政治经济学原理分析问题、解决问题,认清贸易摩擦的本质,在总结国家间贸易摩擦以及当前中美贸易摩擦实践经验的基础上,把贸易摩擦应对策略与适应我国社会主要矛盾转化,更好满足人民日益增长的美好生活需要的政策措施结合起来。本书从以下八个方面提出了应对策略:夯实国家基础,做好自己的事情;化解国内过剩产能;完善贸易摩擦的预警及应对机制;与贸易伙伴共同构建贸易利益平衡机制,减少贸易冲突;推进贸易高质量发展,扩大对外开放;完善内需体系,畅通经济内循环系统;加强金融监管,防范金融风险;构建基于人类命运共同体的"新全球化"方略。

本书的结构框架如图 0 - 1 所示。

第四节 研究方法

本书主要运用规范分析与实证分析相结合、定性分析与定量分析相结合、历史分析与比较借鉴相结合的研究方法。

一是规范分析与实证分析相结合。一方面,本书运用马克思主义政治经济学原理对贸易摩擦产生的理论前提和生成机理等进行规范分析,着力回答了贸易摩擦的本质问题,并围绕上述问题的阐释建立起一个关于研究贸易摩擦的政治经济学分析框架。另一方面,通过对贸易摩擦成因的分类考察以及对引起中美贸易摩擦相关因素的实证检验,对贸易摩擦的政治经济学解释进行实证分析。在实证检验过程中,选取美国 GDP 增长率、美国失业率、中国技术进步率、人民币兑美元汇率、中美贸易顺差额作为解释变量,以 2000~2018 年的数据为基准,运用 ADF 检验、协整检验、Granger 因果检验进行回归分析,检验解释变量与被解释变量中美贸易摩擦数量的相关性,得出的结果与理论分析结果相吻合。

二是定性分析与定量分析相结合。本书认为,贸易摩擦的本质是国家

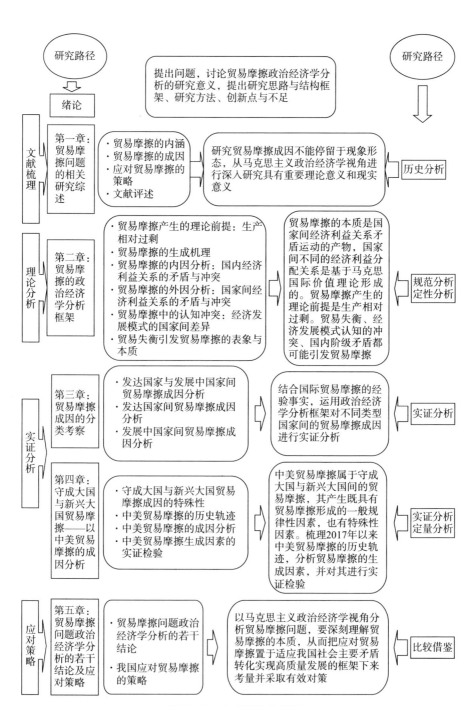

图 0-1　本书的结构框架

间经济利益关系矛盾运动的产物，并运用马克思主义政治经济学相关理论阐释了其中的内在机理，是一种明显的定性分析。定量分析主要体现在对中美贸易摩擦成因的实证检验上，选取理论分析中可能的影响因素作为解释变量，检验其对中美贸易摩擦数量的影响效应。

三是历史分析与比较借鉴相结合。在国际历史上，贸易摩擦不是什么新事物。改革开放以来，我国也已经不得不面对频发的贸易摩擦。在当下，中美贸易摩擦前景仍扑朔迷离。这就需要在基于历史经验总结贸易摩擦一般性规律的基础上，比较借鉴国际上应对贸易摩擦的策略，研究制定我国应对贸易摩擦的政策措施。

第五节　创新点与不足

第一，从马克思主义政治经济学的视角深入研究贸易摩擦问题，不仅关注贸易摩擦成因的现象形态，更侧重于贸易摩擦成因本质分析，构建政治经济学分析框架为贸易摩擦问题研究提供了一个新视角、新思路。通过对已有文献进行梳理，可以发现关于贸易摩擦现象形态的研究很多，部分所谓的贸易摩擦的政治经济学属于西方公共选择理论，主要研究利益集团互动过程中贸易政策的内生过程，而从马克思主义政治经济学的角度对贸易摩擦本质进行深入研究的文献比较少见。诚然，在现象层面，贸易摩擦是国际贸易领域国家间经济关系的碰撞，但在本质上却是国家间经济利益关系矛盾运动的产物。马克思主义政治经济学是研究生产关系即经济利益关系的学说。虽然马克思没有关于贸易摩擦的直接阐释，但马克思国际价值理论为贸易摩擦问题的研究提供了一个非常具有历史洞察力的视角，也构成了本书贸易摩擦政治经济学分析框架的重要理论基础。本书运用马克思主义政治经济学阐释了贸易摩擦产生的理论前提、本质及生成机理，在理论上是一个贡献。

第二，为破解现有理论关于贸易摩擦成因解释的失语和尴尬提供了一个更具解释和说明能力的分析框架。鉴于比较优势理论无法为贸易摩擦的产生提供合理的解释，比如两个产业优势互补的国家为何会发生贸易摩擦？国际贸易中的利益获得者为何会挑起贸易摩擦？自由贸易为何不会使所有贸易成员都受益？这使得构建一个更加具有解释和说明能力的分析框架具有明显的必要性。运用前述的政治经济学分析框架,本书较好地回答了贸易摩擦产生的理论前提、本质、生成机理等问题,并为发达国家与发展中国家之间、发达国家之间、发展中国家之间以及守成大国与新兴大国之间贸易摩擦的经验事实所证明,从而有利于我国采取基于本质而不是流于形式的应对贸易摩擦的策略。

第三,鉴于贸易摩擦本质上是国家间经济利益关系的矛盾与冲突,本书提出应对贸易摩擦的原则和由表及里两层策略,具有一定的政策参考价值。从原则来看,在参与经济全球化的过程中,中国作为一个新兴大国不可避免地会与其他国家尤其是以美国为首的发达国家发生贸易摩擦。面对全球化逆转、保护主义甚嚣尘上的国际局势,中国在处理贸易摩擦问题时应坚持运用马克思主义政治经济学的立场观点和方法分析并指导经济工作,本着权利平等的原则捍卫国家利益,从容应对贸易摩擦,同时积蓄力量,在挑战和抗衡中实现国家崛起。从策略来看,本书提出由表及里的两层策略:从表层策略来看,中国要积极推动经济全球化,维护多边贸易体制,加快推进构建人类命运共同体;从里层策略来看,就是加快形成以国内大循环为主体、国内国际双循环相互促进的新发展格局,畅通国民经济内循环,提高内循环的安全性和确定性,并在此基础上实现更高水平的外循环。

本书的不足之处在于,由于拥有资料的有限性,在对不同类型的国家间贸易摩擦成因进行分析时只选择了几个资料可得的国家进行分析,并且缺乏相关的计量检验。在未来的研究中,还要继续跟踪,增加研究视角和扩大研究范围,在普遍研究的基础上进一步挖掘贸易摩擦现象背后的本质因素,并且在数据可得的前提下进行计量检验。

第一章
贸易摩擦问题的相关研究综述

纵观国际贸易理论发展史，无论是绝对优势理论还是比较优势理论，其观点都认为自由贸易可以使贸易双方达到共赢，各国可以通过贸易实现经济发展，提高福利水平。然而，从国际贸易发展的事实来看，即便是贸易自由化程度最高的国家也从未停止采取贸易保护主义政策，贸易摩擦贯穿在国际贸易的发展进程中。针对贸易摩擦频频发生的现象，国内外学者对贸易摩擦问题进行了广泛而深入的研究，主要包括贸易摩擦的内涵、贸易摩擦的成因、应对贸易摩擦的策略等。

第一节　贸易摩擦的内涵

对贸易摩擦内涵的认知应与贸易摩擦的变化一同展开。但是，长期以来，学者们在研究贸易摩擦问题时，经常使用"国际贸易摩擦""经贸摩擦""贸易摩擦"等词语，却没有对此类概念加以解释，对贸易摩擦相关概念进行总结和概括是从近 20 年才开始的。

在 WTO 文件中，与"贸易摩擦"概念相对应的是"贸易争端"（Trade Dispute）。所谓贸易争端，是指贸易双方中的进口国采取贸易保护主义措施限制产品进口，对此，出口国提出异议并要求进口国纠正其行为的过程。由此可见，如果进口国对出口国所采取的制裁措施被出口国毫无异议地接受，那么，此过程就构不成贸易争端，只可看成进口国对出口国不合理的国际贸易行为的一种纠正。

与贸易摩擦相类似的概念近年来被国内学者广为提及，包括"经济摩擦""经贸摩擦""国际经济摩擦"等。武汉大学学者胡方指出："经济摩擦是存在经济联系的各国和各地区之间，为争夺经济利益产生的矛盾与冲突。"[1] 北京科技大学经济管理学院赵晓教授将国际经济摩擦放到国际政治经济体系中考察，认为国际经济摩擦是贸易双方行为相向的现象。[2] 武汉大学苗迎春提出了广义的经贸摩擦概念，即"存在经贸关系的国家为获得最大利益，以致国家间出现矛盾与冲突，从而展开的各种形式的斗争"[3]。同时，他总结了经贸摩擦的四个基本要素：一是经贸摩擦产生于有经贸往来的经济主体之间；二是经贸摩擦是一种矛盾与冲突的运动过程，当一方采取"以邻为壑"的贸易保护主义手段对他国经济利益造成损害时，经贸摩擦就有可能产生；三是经贸摩擦的结果不会使贸易双方均受益，或一方受益一方受损，或双方都受损；四是经贸摩擦普遍存在于各个经济主体之间，具有广泛性。虽然，经济摩擦、经贸摩擦、国际经济摩擦与贸易摩擦从字面上看具有相似性，但它们的概念是不同的。本书是以"贸易摩擦"作为研究对象的，因此，将主要对贸易摩擦的内涵进行相关文献的梳理。

国内学者对贸易摩擦的内涵各持己见。林学访认为一国的贸易政策存在两个不同的标准，即意识形态标准和经济利益标准，并分别从这两个标准出发给出了贸易摩擦的定义。意识形态标准下的贸易摩擦是指贸易双方在意识形态上存在对立，一方出于国家政治、经济利益的需要，采取贸易制裁措施，挑起贸易摩擦以阻止其出口国的经济发展。从动机上看，意识形态标准下的贸易摩擦是政治性的；但从时机上看，贸易摩擦必须以经济事件为起始，而且这种情况下的贸易摩擦，进口国不必证明出口国已经对其经济发展造成实质性的损害，通常进口数额的少量增加就会引发与出口国的贸易摩擦。经济利益标准下的贸易摩擦是指由于进口国的经济处于衰退和萧条之中，贸易国的出口增加对其国内产业造成冲击，经济利益受到损害，进口国采取贸易制裁措施而使双方产生贸易摩擦。此种贸易摩擦从动机和时机上看都是经济性的。林学访进一步深入阐释了贸易摩擦的起因

① 胡方：《日美经济摩擦的理论与实态——我国对日美贸易的对策与建议》，武汉大学出版社，2001，第1页。
② 赵晓、柳阳：《再论中国崛起之"国际经济摩擦时代"》，《国际经济评论》2005年第2期。
③ 苗迎春：《中美经贸摩擦研究》，武汉大学出版社，2009，第11~15页。

存在经济因素之外的政治因素，对贸易摩擦的理解更为深刻。[1] 胡方和彭诚从两个国家在贸易中利益的相对变化出发，认为"贸易摩擦是两国在进行贸易的过程中出现贸易利益相向而行的现象，也就是说一国贸易利益上升的同时导致其贸易伙伴国的贸易利益相对下降，从而产生矛盾与冲突"[2]。赵瑾从成因的角度出发将经济摩擦分为五类：微观经济摩擦是进口国为限制出口国对其产品出口而引发的摩擦；宏观经济摩擦是指逆差国对顺差国挑起的摩擦；投资摩擦是由对外直接投资而与其东道国产生摩擦或因吸引外资与外资企业所在国产生的摩擦；制度摩擦是由贸易双方的经济制度不同产生矛盾纠纷而引起的摩擦；技术性摩擦是指由于采用技术性贸易壁垒而引发的贸易摩擦。[3] 王桂敏和孙佟认为，贸易保护主义措施和自由贸易政策实施的依据都是国家利益，二者本身并非完全的对立面，存在并行的理论和实践基础。[4] 经济全球化以自由贸易为基本框架和发展趋势，而贸易保护主义则作为经济全球化发展过程中维护国家利益的手段，二者相伴并存，在客观上成为贸易摩擦产生的直接原因。这一阐述实际上是肯定了贸易摩擦的存在具有普遍性，是经济全球化的必然产物。蔡四青认为，贸易摩擦是在国际交换中产生的，是国际贸易中利益分配不均的表现。[5] 由于经济发展水平不同，从国际贸易中获得的利润也不同，各国对利润的追逐容易产生争端与纠纷。闫克远总结了贸易摩擦的五个基本要素：一是贸易摩擦存在于建立国际经贸关系的经济体之间；二是贸易摩擦是动态博弈的过程；三是引起贸易摩擦的因素包括政治、经济、外交等多方面；四是贸易摩擦的产生具有广泛性，存在于不同类型的国家之间；五是贸易摩擦是非正和博弈，不存在双方都获利的贸易摩擦。[6]

以上学者均从不同角度对贸易摩擦给予了解释。本书在总结已有贸易摩擦内涵的基础上结合研究主旨给出了比较符合理论与实际的贸易摩擦定

---

[1] 林学访：《论贸易摩擦的成因与影响》，《国际贸易》2007 年第 5 期。

[2] 胡方、彭诚：《技术进步引起国际贸易摩擦的一个模型》，《国际贸易问题》2009 年第 9 期。

[3] 赵瑾：《全球化与经济摩擦——日美经济摩擦的理论与实证研究》，商务印书馆，2002，第 25 页。

[4] 王桂敏、孙佟：《国际贸易摩擦发生的理论诠释》，《科技和产业》2007 年第 11 期。

[5] 蔡四青：《隐性国际贸易摩擦与预警机制建立的对策》，《经济问题探索》2006 年第 6 期。

[6] 闫克远：《中国对外贸易摩擦问题研究——基于结构的视角》，博士学位论文，东北师范大学，2012。

义：存在经贸关系的国家在争夺国际市场以及保护本国市场的过程中，如果国际超额利润的分配发生相对变化或存在变化的趋势，那么，出于国家利益最大化的考量，获利下降的一方或自认为获利下降的一方就会采取贸易保护措施，以维护自身利益或减少对方利益，当此举给另一方造成损害时就会引发相互之间的争端与纠纷。该定义中的国家利益虽然包括经济、政治、军事等多个方面，但经济是基础，所以利益分配的变化主要是指经济利益的得失。

第二节 贸易摩擦的成因

按照分析角度的不同，可将贸易摩擦的成因理论分为四种：贸易摩擦成因的微观理论、贸易摩擦成因的中观理论、贸易摩擦成因的宏观理论、贸易摩擦成因的公共选择理论。

一 贸易摩擦成因的微观理论

1. 以完全竞争市场为前提的理论

传统贸易理论建立在完全竞争市场的假设下，认为贸易可以实现互利共赢，通过贸易各国福利水平均能得到提高，贸易摩擦不会产生。但是如果市场出现失灵，政府就会对自由贸易进行干预，导致最优均衡状态被打破，引发贸易摩擦，其中，具有代表性的理论包括产业调整理论和国际经济扭曲理论。

产业调整理论是在产业结构出现调整时，衰退产业中的生产要素向新兴产业发生转移过程中所产生的贸易摩擦问题。该理论的基础模型是要素禀赋论，通常被称为特定要素模型，该模型由 Jones 提出并进行了系统性表述。[①] 与要素禀赋论中的长期分析不同，特定要素模型假设生产要素短期内无法实现在各行业间的自由流动，并假定一国有 2 个行业（玉米行业和彩电行业）、3 种生产要素（土地、劳动、资本），其中劳动是 2 个行业的共同生产要素，土地是玉米行业的特定生产要素，资本是彩电行业的特

---

① Jones, H. W. , " A Three-Factor Model in Theory, Trade, and History," *Trade*, *Balance of Payments*, *and Growth* 1 (1971): 26.

定生产要素。若该国彩电行业技术水平高、劳动生产率高，在国际市场上具有竞争力，此时劳动就会由传统的玉米行业向彩电行业转移，根据要素的边际收益递减规律，资本收益率提高，土地收益率降低，导致玉米行业利益受损，行业间的经济利益分配关系发生变化，此时，玉米行业利益集团就会放弃自由贸易，要求国家采取保护主义措施以减少进口，从而引发贸易摩擦。

国际经济扭曲理论是"从国际经济活动中资源配置的帕累托最优视角出发，研究当帕累托最优配置没有实现时，各种不合理的资源配置现象的形成及改进问题"[1]。巴格瓦蒂（Bhagwati）用特定要素模型对该理论进行了解释，假设世界上只有两个国家，使用一定的生产要素生产 x 和 y 两种产品。在完全竞争市场条件下，两国凭借各自的比较优势进行产品交换，当国内两种产品的消费边际替代率（DRS）、生产边际转换率（DRT）、国际贸易中两种产品的边际转换率（FRT）三者相等，两国的贸易就会达到帕累托最优状态，否则就会形成四种扭曲：一是 $DRS = DRT \neq FRT$（贸易扭曲），二是 $FRT = DRS \neq DRT$（生产扭曲），三是 $FRT = DRT \neq DRS$（消费扭曲），四是 $DRT_x \neq DRT_y$（要素市场扭曲）。当上述任何一种情况出现时都有可能产生贸易摩擦。

2. 以不完全竞争市场为前提的理论

以不完全竞争市场为前提的理论，主要包括克鲁格曼（Krugman）、布兰德（Brand）、斯潘塞（Spencer）等人的战略性贸易理论和帕那格里亚（Panagariya）等人的规模经济理论。

战略性贸易理论假定贸易参与国的企业均为垄断企业，在寡头垄断市场环境下，政府为提高本国产品竞争力，会采取一些贸易手段改变国际利润分配格局，结果便会引起各国之间的贸易摩擦。该理论构建了一个三国参与贸易的模型，其中有两个国家为某种产品的出口国，各国均以自身利益最大化为原则进行博弈，最终导致出口国很容易陷入一个囚徒困境的博弈均衡，即当两个出口国同时放弃出口补贴政策时，双方都会获得最大利益，但是最终稳定的均衡结果却是两国同时采取出口补贴使贸易福利变差。在参与国际贸易的三个国家中，产品出口国会要求出口补贴尽可能减

---

① 马跃：《大国崛起过程中的国际贸易摩擦研究》，博士学位论文，东北财经大学，2013。

少，而进口国则相反，贸易参与国对待贸易政策的不同态度使其具有采取战略性贸易政策（如关税或补贴等）的动力，各国政策的介入会改变贸易参与方的获利水平。例如，如果进口国政府采取的出口补贴损害了其贸易伙伴的利益，就会引起贸易伙伴的报复，由此产生贸易摩擦。

规模经济理论由帕那格里亚、三边信夫等人提出。假设贸易参与国的企业存在规模经济和外部经济，首先分析当国内自给自足时，经济均衡下的收益水平；然后分析存在外部经济联系时，经济均衡下的收益水平。以此来判断哪种收益水平较高，进而选择一国应处于何种经济状态。如果通过对比发现封闭状态下的收益水平较高，那么该国就会采取贸易保护主义政策，引发与其他国家的贸易摩擦。日本经济学家后藤纯一认为，由于市场不完全竞争的程度不同，即使贸易双方具有相同的生产要素禀赋，也会因为劳动力市场的工资差异而导致贸易参与方在国际贸易中的获利不同，进而引发贸易摩擦。①

二 贸易摩擦成因的中观理论

贸易摩擦成因的中观理论是从国内外产业结构角度来分析贸易摩擦产生的原因。随着全球化进程的不断加快，国内外产业结构的联系越来越紧密。如果国际产业结构可以同各国的产业结构形成匹配和互补，实现国内产业结构和国际产业结构的双重平衡，就不会产生贸易摩擦。但是，由于不同国家经济利益不一致，经济发展水平和产业结构特点不同，且产业结构不断发生变化，所以国际产业结构总是处于静态和动态的不匹配之中，由此引发的矛盾与冲突常常通过贸易摩擦的形式表现出来。在这方面做出重要研究的是河北大学王亚飞教授，她指出出现国际产业结构静态上的部分重构和动态上的不相匹配有三个方面的表现。②

一是国际部分产业结构的同质化趋势。她认为工业革命和技术革新使国际产业结构异质化、同质化交替进行，当国际产业结构趋于异质化时，自由贸易思潮兴起；当国际产业结构同质化趋势加强时，各国就会实行扶

---

① 后藤纯一：《国际劳动经济学——贸易问题的新观点》，东洋经济新报社，1988。
② 王亚飞：《中美贸易摩擦的政治经济学研究——理论与实证分析》，河北大学出版社，2009，第41页。

持幼稚产业或保护衰退产业的贸易政策，保护主义盛行，贸易摩擦加剧。如今，世界经济的发展正处于产业结构逐渐趋同的时期。一方面，在经历了几次国际产业结构转移的浪潮后，发达国家面临着本国传统制造业失去优势并走向衰退的境况，按照国际分工理论，发达国家本应放弃这些产业以避免同发展中国家展开低效率竞争。但是，发达国家往往不会主动将这些夕阳产业拱手相让于发展中国家，而是通过设置重重贸易壁垒保护本国产业。另一方面，随着经济全球化技术外溢效应的产生，一些发展中国家通过"干中学"加快了工业化进程，不可避免地与发达国家在产业结构上逐渐趋同，导致竞争加剧，引发贸易摩擦。

二是国际产业结构中动态的结构性互补关系未能形成。王亚飞指出，"在产业结构调整期中，不同国家的内部均衡之间必须形成一种良性的'结构性互补'关系"[①]。这种互补关系不仅是低端产业和高端产业的互补，而且是各国经济结构在变迁过程中的相互补充和配合，从而使每个国家的经济都有可持续发展的动力。当今世界正经历着以人工智能、虚拟现实、工业互联网等技术为核心的第四次工业革命，与以往三次工业革命不同的是，除了美国、德国等西方传统科技强国主导外，中国等新兴发展中大国也参与其中。一方面，第四次工业革命带来的技术变革、劳动生产率提高所释放的巨大生产能力需要得到有效的消化和吸收。但是，西方发达资本主义国家由于受到2008年金融危机的冲击，经济还没有完全从衰退中恢复，国内产业结构面临严重问题，发展动力不足。而一些发展中国家前三次工业革命的成果还未吸收，没有能力跟上新科技革命发展的速度。所以，产业结构的分工链条在中上游无法得到很好的衔接，在产品端又无法顺利实现商品价值向货币价值的转化。另一方面，中国等新兴发展中大国在吸取前三次工业革命成果的基础上，实现了经济的快速发展，正在与发达国家一起推动第四次工业革命，本可以在未能衔接的产业分工链条上给予补充，但是，美国等西方发达国家实行贸易保护主义以遏制中国的发展，产业结构良性的结构性互补关系未能形成，贸易摩擦不断。

三是结构调整内部压力外部释放的表现。王亚飞指出，"市场机制对

---

① 王亚飞：《中美贸易摩擦的政治经济学研究——理论与实证分析》，河北大学出版社，2009，第41页。

产业结构的调整往往是失灵的，加之各国从本国的国家利益出发制定对外经济政策使得国际产业结构关系难以通过协定、联盟乃至一体化的制度安排将矛盾内化，最终走上贸易摩擦的道路"[1]。2008 年金融危机以后，世界经济进入了一个漫长的结构调整期。一方面，从长期来看，经济通过深度调整能够为进一步发展提供动力；另一方面，也意味着在短期内，经济将面临阵痛期，增长速度下降，各种社会、政治问题凸显。这时，各国内部经济结构调整的压力和种种制约就会试图寻求向外释放的途径，内部矛盾外化不可避免地会引起贸易摩擦。

关于贸易摩擦成因的中观理论，李俊慧认为，"国际市场的存在本可以弥补国内产业结构问题，然而，由于各国经济发展不平衡和国家利益不一致使得国际分工与合作往往事与愿违"[2]。她指出中日贸易摩擦的原因之一就是产业结构矛盾，即日本在高度工业化后出现了一些传统制造业衰退甚至消失的产业"空心化"现象，而中国随着工业化进程的加速，开始在制造业领域与日本展开竞争，当日本的国内产业结构调整无效后，便会采取内部问题外化的手段以保护本国产业，由此引发贸易摩擦。

三 贸易摩擦成因的宏观理论

贸易摩擦成因的宏观理论主要从宏观经济均衡、国际收支发展阶段、生产力变化、汇率这四个角度分析贸易摩擦产生的原因。

王亚飞从宏观经济均衡角度出发指出，宏观经济均衡包括外部均衡和内部均衡，二者的均衡状况以及彼此之间的协调度决定了宏观经济的整体状况。[3] 因此，一国贸易政策的制定必然要顺应内外部均衡之间的配合。通常，宏观经济运行的理想状态是内部均衡和外部均衡的同时实现，此时，开放的宏观经济达到总体均衡。但在现实中，内外部经济都是非均衡的，但二者结合起来却可以实现总体均衡。这就是外部经济在开放的宏观经济环境下的作用所在：从总量关系来看，外部经济能够弥补储蓄与投资

---

① 王亚飞：《中美贸易摩擦的政治经济学研究——理论与实证分析》，河北大学出版社，2009，第 43 页。
② 李俊慧：《中日贸易摩擦与中日两国产业结构的关系》，《国际贸易问题》2003 年第 8 期。
③ 王亚飞：《中美贸易摩擦的政治经济学研究——理论与实证分析》，河北大学出版社，2009，第 45 页。

之间的差额；从结构关系来看，外部经济亦能够弥补国内供给和需求之间的差额。因此，一国通过对外贸易政策可以实现内外部互补。对此，王亚飞进一步指出，"内外均衡之间的结构性互补简单来说就是结构调整过程中内、外均衡之间的配合问题"[①]。由于外部均衡是连接不同国家在开放的宏观经济环境下经济发展的载体，各国都希望外部环境能够对本国结构调整给予配合和补充，因此，对外经济政策的制定必然以满足内部结构调整为目的。无论是进出口、汇率还是对外投资都会成为一国用以调整内部均衡的筹码，如果外部经济不能实现其配合内部结构调整的目标，政策制定者就会人为地改变政策方向，通过贸易政策克服内部调整所面临的种种制约，协调内外部均衡关系；如果贸易政策的实施损他利己，就会引发国家间的矛盾与冲突，由此产生贸易摩擦。

杜金东从国际收支发展阶段学说入手阐述了贸易摩擦发生的必然性。他认为当一国的经济处于起步阶段时，国内投资需求旺盛，同时收入和储蓄较低，为了使宏观经济达到均衡状态，该国将大量地输入资本，成为资本输入国和债务国。资本的大量输入促成了国际收支资本项下的盈余，同时由于经济发展不成熟，需要从国外进口大量产品以弥补本国产业的缺失，所以经常项目为逆差。从国际收支结构来看，在这一阶段，该国资本项目的盈余将等于经常项目的赤字。随着该国经济的发展并逐渐向成熟阶段迈进，该国一方面投资减少，另一方面收入增加，资本积累越来越多。经济的成熟使出口产业迅速发展，对外贸易实现盈余，与此同时储蓄增加，该国成为资本输出国和债权国。在这一阶段，国际收支的结构是资本项目的赤字和经常项目的盈余相等。根据这一学说，杜金东认为当一国处于成熟发展阶段时，国内拥有大量储蓄和经常项目收支盈余，资本充盈。[②]由于不同国家经济发展水平不同，因此，与该国进行贸易往来的国家则有可能处于经济发展的不成熟阶段，形成经常项目赤字。在这种情况下，对外贸易出现逆差的国家会采取贸易手段要求顺差国减少经常项目收支盈余，增加对逆差国的进口，由此产生贸易摩擦。2018年以来的中美贸易摩

---

① 王亚飞：《中美贸易摩擦的政治经济学研究——理论与实证分析》，河北大学出版社，2009，第46页。

② 杜金东：《中日贸易摩擦研究》，博士学位论文，南开大学，2009。

擦就是美国以中美之间巨额的贸易顺差为由挑起的。国际收支不平衡通常成为国家间贸易摩擦的直接原因和导火索。

戈莫里（Gomory）和鲍莫尔（Baumol）从生产力变化的角度解释了贸易摩擦的成因，指出国际贸易存在固有的国家利益冲突。[①] 根据戈莫里和鲍莫尔的观点，当今的经济发展早已突破了古典贸易模型中规模收益递减的假设。当规模经济、保留产业、"干中学"等后天的非自然优势开始在产业竞争中起主导作用时，原来传统贸易理论中由自然优势决定的唯一结果不复存在，世界贸易出现了多重均衡。多重均衡的出现打破了自由贸易中双赢的局面，一国获利的同时有可能导致其贸易伙伴国利益受损。在这一理论基础上，谢地和张巩构建了一个两国国民收入模型，阐述了由生产力变化所引发的国家利益冲突的动态过程。[②]

假定世界上只有英法两个国家且技术和生产率水平均可变。如图 1 - 1 所示，左右两边的区域是互利区，在互利区内，英法两国国民收入都可以通过向中心移动而同时得到提高。假定英国为发达国家，拥有世界上绝大多数产业，占世界收入的 85%，国民收入水平为 U_2；法国为欠发达国家，产业贫乏，占世界收入的 15%，国民收入水平为 F_2。如果法国通过技术进步使劳动生产率得到提高，相应地，国民收入水平由 F_2 上升到 F_1，此时，英国的国民收入也得到了提高，上升到 U_1。由此可见，在两端的互利区内，两国可以实现自由贸易的互利共赢。但是，如果法国实现了技术进步和生产率水平的提高，并开始从 F_1 向左端比较发达的状态移动，当移至 L_1 和 L_2 中间的区域时，随着法国国民收入水平的提高，英国国民收入水平呈现出与之相反的下降趋势，那么，对于英国而言，法国将不再是理想的贸易伙伴，双方利益进入冲突区。也就是说，"一个国家可以通过生产力的提高改变它在国际产业格局中的地位，导致世界收入份额的重新分配，如果分配的结果使贸易中的一方福利水平下降，就会引发矛盾与冲突，此

---

① 〔美〕拉尔夫·戈莫里、威廉·鲍莫尔：《全球贸易和国家利益冲突》，文爽、乔羽译，中信出版社，2018，第 23 页。
② 谢地、张巩：《国际贸易和国家利益冲突：中美贸易战的多重博弈与中国的出路》，《政治经济学评论》2019 年第 4 期。

时，贸易摩擦将不可避免"①。随着中国经济的发展、生产力水平的提高，中国与发达国家开始步入冲突区。与其他发展中国家不同的是：在面对进入壁垒高的保留产业时，一般发展中国家是很难进入的，而中国作为发展中大国，虽然人均收入水平较低，但是可以集中优势发展初始成本和进入壁垒较高的产业，并且通过发展相关技术占有一席之地，进而打破发达国家的技术垄断优势。这是发展中大国与一般发展中国家不同的地方，也是美国对中国产品加征关税清单主要集中在高科技领域的一个重要原因。随着中国的技术进步和生产率水平的提高，在中国产业结构由低端逐步向中高端迈进的过程中，中国与发达国家的贸易也将从互利区进入冲突区，贸易摩擦不断加剧。萨缪尔森（Samuelson）以中美贸易摩擦为例进行说明，指出当中国在商品生产方面获得了外生的技术进步时，美国将会减少该产品的生产，而且其人均实际收入也将降低。②

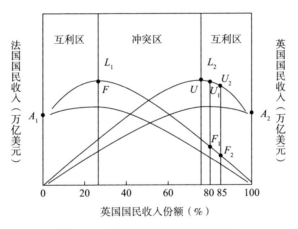

图 1 - 1　英法两国国民收入的比较

以汇率为基础的贸易摩擦成因理论主要围绕汇率与国际贸易之间的密切关系而展开。汇率对国际贸易产生影响的基本逻辑是：一国货币贬值能够刺激出口，货币升值则会增加进口。但是，由于经济政策存在滞后性，汇率调整和贸易部门的进出口变化不会同步，实现贸易收支平衡需要一个

① 谢地、张巩：《国际贸易和国家利益冲突：中美贸易战的多重博弈与中国的出路》，《政治经济学评论》2019 年第 4 期。

② Samuelson，P. A.，"Recuerden a Los Que Frenaron la Recuperación de Estados Unidos," *Revista de Economía Instituciona* 20（2009）：425.

过程。汇率政策平衡贸易收支的滞后效应通常用"J曲线效应"来表示，即本国货币贬值后的最初一段时间，经常项目收支状况往往会更加恶化，进口增加而出口减少。如图1-2所示，在 $t_1 \sim t_2$ 的时间段内，贸易收支逆差进一步扩大，经过一段时间后（过了 t_2 点），贸易收入才会增加，贸易收支状况得到改善。根据"J曲线效应"，杜金东认为由汇率调整引发的货币贬值在最初一段时间里会加剧贸易摩擦，因为贸易状况的恶化会使一国采取保护主义措施。[①]

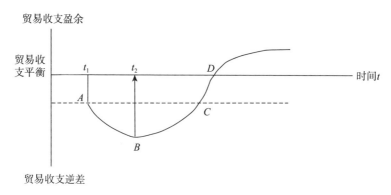

图 1-2　J 曲线效应

由于汇率与国际贸易之间的密切关系，一些国家在贸易严重失衡的情况下，会采取汇率手段迫使顺差国货币升值，从而达到平衡贸易收支的目的，在这一过程中，不可避免地会引发贸易摩擦。谢地和张巩指出，"由于美元的国际货币地位，美国经常会运用汇率狙击手段对他国贸易进行打压，以期实现政治、经济的多重目的"[②]。

四　贸易摩擦成因的公共选择理论

贸易摩擦成因的公共选择理论主要研究政府、官僚、选民和特定利益集团在战略互动过程中，贸易政策决策的内生过程及贸易摩擦的动态演进过程。通过对已有文献进行梳理，贸易摩擦成因的公共选择理论主要包括"仁慈政府"的贸易摩擦起源论、"自利政府"的贸易摩擦起源论、"民主政府"的贸易摩擦起源论以及其他一些从国际政治经济学和马克思主义政

[①]　杜金东：《中日贸易摩擦研究》，博士学位论文，南开大学，2009。
[②]　谢地、张巩：《中美贸易摩擦的政治经济学分析》，《政治经济学评论》2018年第5期。

治经济学视角分析贸易摩擦内生形成过程的模型。

1. "仁慈政府"的贸易摩擦起源论

"仁慈政府"是政府以社会利益最大化作为其行为目标，无私地追求社会和公共利益，具有独立的价值标准且不受利益集团左右，制定符合社会利益最大化需求的贸易保护政策。Cheh 认为，出于在自由贸易中劳动力的短期调整成本会降低劳动者福利水平的考量，"仁慈政府"会将政策目标集中在失业救济、劳动者择业和教育培训等方面以减少短期调整成本。[①]考登（Corden）提出了"保守的社会福利函数"。他指出，相比个人福利增加，个人福利减少对社会整体福利的影响更大，当自由贸易使个人福利水平下降时，政府就会采取贸易保护政策以保持原有的收入分配水平和格局不变。[②] 克鲁格曼提出了"加权社会福利函数"概念，认为社会福利权重在不同阶层中的分配是不一样的，低收入和低技能劳动者占社会福利权重的比例更大，当自由贸易使这些人的收入减少时，政府就会运用贸易保护政策维持其原有的福利水平。[③] 马维尔（Marvel）和瑞（Ray）提出政府通过贸易保护政策能够减少外部竞争，维护本国产品的竞争优势，降低自由贸易使收入水平下降的风险。[④] 以上学者经过研究得出的结论具有相似性，即对于工资收入低、失业率高、低技能工人比例高、进口渗透率高、增长率低的行业，政府一般会从社会公平的角度出发，对这些行业进行保护，使其免受国外进口的冲击。当自由贸易使劳动密集型行业的失业人数增加、收入减少时，政府亦同样会从社会公平的角度出发，采取贸易保护政策维持社会福利水平不变，从而引起与贸易国的冲突和纠纷，产生贸易摩擦。约翰逊（Johnson）在经典论文《最优关税与报复》中，用博弈论的方法证明了进口关税和出口补贴等贸易政策存在的合理性。[⑤] 一国为追

---

① Cheh, J. H., "United States Concessions in the Kennedy Round and Short-Run Labor Adjustment Costs," *Journal of International Economics* 4 (1974): 90.

② Corden, W. M., *The Theory of Protection* (Oxford: Clarendon Press, 1971), p. 185.

③ Krugman, P. R., "Intraindustry Specialization and the Gains from Trade," *Journal of Political Economic* 5 (1981): 959–973.

④ Marvel, H. P., Ray, E. J., "The Kennedy Round: Evidence on the Regulation of Trade in the U. S," *American Economic Review* 73 (1983): 160–171.

⑤ Johnson, H. G., "Optimum Tariffs and Retaliation," *The Review of Economic Studies* 2 (1953): 142–153.

求本国福利最大化，会在制定贸易政策、实施报复、自由贸易或采取混合战略之间进行博弈做出选择，若贸易方也采取相应措施，这样实际的贸易摩擦就产生了，其结果是双方福利都受到损失。

以上学者在进行研究时，均假定政府是公共福利的慈善侍者，不追求自身私利，这不禁让人怀疑现实中政府的真实目标是否与之相去甚远。

2. "自利政府"的贸易摩擦起源论

"自利政府"的贸易摩擦起源论是建立在经济学自利学说的基础上。假定政府的行为目标不再是早期所认为的追求社会福利最大化，而是和"理性经济人"一样具有自利性，追求自身利益最大化，如获得大概率的选举支持、寻求政治统治上的稳定等。为了实现这些目标，政府会将贸易政策向特殊利益集团倾斜。这里的政府不是公众福利的慈善侍者，而是贸易政策的供给者，是面对贸易政策需求者的游说压力和利益诱惑的特殊利益集团。

关于利益集团，王亚飞给出了比较详细的阐述。[①] 利益集团，又称压力集团或院外集团，是指"因兴趣或利益而联系在一起，在共同目标的作用下努力影响公共政策的人的组合"[②]。利益集团按照性质可以分为私人利益集团和公共利益集团。其参与政策的制定不是为了增加社会福利、增加产出，而是为了通过影响现有政策，实现财富的重新分配。利益集团可以通过多种手段左右政策决策过程，包括"游说"的隐性方式和"献金"的显性方式。利益集团通过"游说"或"献金"的方式能够影响政策结果的前提是政府具有自利性，政策的制定就是在政府和各个利益集团之间博弈的过程中形成的。

利益集团理论在具有较强分配性的财政政策及公共产品等领域得到了广泛的应用。由于贸易政策能够产生很强的分配效应，因此利益集团对贸易政策的影响很早以前就被学者们所关注。沙特施奈德（Schattschneider）在《政治学、压力和关税》一书中对美国《斯穆特－霍利法案》的形成原因进行了分析，指出利益集团在贸易政策制定过程中所发挥的作用。20世

---

① 王亚飞：《中美贸易摩擦的政治经济学研究——理论与实证分析》，河北大学出版社，2009，第52页。

② 〔美〕加布里埃尔·A.阿尔蒙德、小G·宾厄姆·鲍威尔：《比较政治学：体系、过程和政策》，曹沛霖等译，上海译文出版社，1987，第200页。

纪 50 年代，金德尔伯格（Kindleberger）分析了欧洲国家不同利益集团的地位变化，并指出对国际贸易的分析可以围绕利益集团的行为展开。[①] 20世纪 60 年代后，学者们开始深入研究利益集团对贸易政策的影响，针对贸易保护政策形成的内生过程制定了一些政治经济学模型。塔洛克（Tullock）指出关税的产生是进口行业利益集团在与出口行业利益集团进行博弈过程中，成功游说政府的结果。[②] 斯蒂格勒（Stigler）的"俘虏理论"认为政府是利益集团的俘虏，政府的政策是为了满足利益集团的要求而制定的。[③] 希尔曼（Hillman）和乌斯普林（Ursprung）在此基础上提出了政府支持模型，研究了衰退产业寻求保护的问题。他们指出，衰退产业的利益集团会为了自身利益通过游说政府寻求产业保护，而政府的自利性使其通常会放弃社会福利目标而寻求最大化的政治支持。[④] 芬德利（Findlay）和威利兹（Wellisz）构建了一个模型，着重分析了利益向左的利益集团通过向政府游说试图获得有利于自身的贸易政策，但是该模型没有考虑免费"搭便车"问题对利益集团能力的影响。[⑤] 巴格韦尔（Bagwell）和施泰格（Staiger）用一个基础模型且将"搭便车"现象纳入模型中进行考虑，说明了贸易政策主要是由人数较少的特殊利益集团所决定，而人数众多的大利益集团由于存在"搭便车"现象，且信息成本高，因而不能有效地组织起来去影响贸易政策的制定过程。[⑥] 以上模型均是建立在政府自利性的假设基础上。此外，古尔德（Gould）和伍德布里奇（Woodbridge）通过对贸易战背后动态过程的研究，发现所有贸易政策都是政治博弈的结果，是在国内利益集团政治影响力的相互对抗中产生的，一国是选择自由贸易还是

① Kindleberger，C. P.，"Group Behavior and International Trade," *The Journal of Political Economy* 1（1951）：30 – 46.

② Tullock，G.，"The Welfare Costs of Tariffs，Monopolies，and Theft," *Western Economic Journal* 5（1967）：224 – 232.

③ Stigler，G. J.，"The Theory of Economic Regulation," *Bell Journal of Economics* 2（1971）：3 – 21.

④ Hillman，A. L.，Ursprung，H. W.，"Multinational Firms，Political Competition，and International Trade Policy," *International Economic Review* 34（1993）：347 – 363.

⑤ Findlay，R.，Wellisz，S.，"Endogenous Tariffs，the Political Economy of Trade Restriction and Welfare," in Bhagwati，J. N.，ed.，*Import Competition and Response*（Chicago：University of Chicago Press，1982），p. 188.

⑥ Bagwell，K.，Staiger，R. W.，"A Theory of Managed Trade," *American Economic Review* 80（1990）：779 – 795.

采取保护手段是由国内竞争性利益集团的博弈结果决定的。[①] 这使人们对贸易摩擦背后的动态政治过程有了进一步了解。布兰斯特（Branstetter）和芬斯特拉（Feenstra）构建了一个模型，研究中国贸易和投资自由化，结果表明政府在制定贸易政策的时候，要考虑 FDI 和贸易增长所带来的社会福利效应变化以及国有企业的损失。在模型中，国有企业被认为是具有政治影响力的利益集团，政府通常会给予它们充分的保护。[②] 这些分析加深了我们对贸易摩擦背后的动态政治过程的理解。

3. "民主政府"的贸易摩擦起源论

"民主政府"的贸易摩擦起源论认为，尽管"自利政府"的假设前提符合"理性经济人"的微观基础，但在现实生活中，民主制度下的政府仍然要受到民众意愿的约束，为了追求连任，不得不在选民和利益集团的意愿之间进行平衡，即兼顾"个人利益"与"公共利益"。

20 世纪 80 年代以后，许多学者研究了贸易摩擦的内生形成过程。芬斯特拉和巴格瓦蒂构造了一个局部均衡模型，假设政府为"民主政府"，国家只有一个由具有影响力的产业组成的利益集团，该利益集团通过劳动和资本向政府开展游说活动。[③] 当征税后的进口价格低于国内价格时，进口竞争产业的利益集团会积极游说政府，寻求提高关税等贸易保护措施，利益集团的最优关税水平由工人福利最大化决定。但是，由于政府同时要考虑社会公众利益，因此会将关税收入用于补贴利益集团，希望通过转移支付降低利益集团的最优关税水平，得到一个"有效关税"，以平衡选民和利益集团的利益，降低经济扭曲程度。

格罗斯曼（Grossman）和赫尔普曼（Helpman）提出的保护待售模型将政治因素引入国际贸易关系的分析中。[④] 假定政府为"民主政府"，既关注特殊利益集团的利益以获得政治捐献，谋求个人利益最大化，又关注普

① Gould, D. M., Woodbridge, G. L., "The Political Economy of Retaliation, Liberalization and Trade Wars," *European Journal of Political Economy* 14 (1998): 115 – 137.

② Branstetter, L. G., Feenstra, R. C., "Trade and Foreign Direct Investment in China: A Political Economy Approach," *Journal of International Economics* 58 (2002): 335 – 358.

③ Feenstra, R. C., Bhagwati, J. N., "Tariff Seeking and the Efficient Tariff," in Bhagwati, J. N., ed., Import Competition and Response (Chicago: University of Chicago Press, 1982).

④ Grossman, G. M., Helpman, E., "Protection for Sale," *The American Economic Review* 4 (1994): 833 – 850.

通选民的利益以获得选举支持。通过非合作与合作的关税博弈模型分析，贸易政策会受到国内利益集团的影响而发生改变，利益集团可以通过政治捐献将自身的诉求反映到贸易政策中，不同的关税率对应不等的政治献金，利益集团将试图调整到符合其利益最大化的最优关税水平。该模型将政治献金的目标设定为改变政府贸易政策，而根据"民主政府"的假设，政府的目标是获得政治献金和最大化社会福利。如果政府更关注社会福利或利益集团的人数很多，"搭便车"现象严重，则政府更倾向于自由的贸易政策。该模型也可看作"公共代理"模型在贸易政策上的特殊运用，即作为"委托人"的利益集团通过政治献金对"代理人"——政府施加影响以实现自身利益最大化。政府将不同贸易政策在利益集团之间进行拍卖，获取政治献金，同时也要保证社会福利，维护一般选民的利益。在此基础上，格罗斯曼和赫尔普曼将保护待售模型扩展到国际领域，探讨本国贸易政策，尤其是大国贸易政策，会引起其他国家的反应，如果在"私人利益"和"公共利益"共同作用下形成的贸易政策损害了他国利益，很有可能产生贸易冲突和纠纷，由此引发贸易摩擦。

还有一些文献从国际政治经济学角度阐述了贸易摩擦的成因。如罗伯特·吉尔平（Robert Gilpin）的"大国崛起论"和金德尔伯格等人的"霸权稳定论"。对于"大国崛起论"，吉尔平指出，"新兴国家在获得了技术的进步后，开始向核心国进行挑战，结果导致核心国为维护自身地位一方面对衰退产业实行贸易保护主义政策，另一方面在新兴产业与赶超国争夺垄断地位，发生激烈竞争，贸易摩擦愈演愈烈"[①]。"霸权稳定论"认为一国的对外贸易政策是由它的国际地位决定的，当霸权国家的地位处于上升时期或稳定时期，必然要求建立开放的自由贸易体制，一旦霸权国家的地位下降或受到潜在威胁，它就会转而奉行贸易保护主义以维护自身的绝对优势地位，贸易摩擦频频产生。这一理论在卡赞斯坦（Kazenstein）的研究中得到了证实，无论是20世纪40年代美国取代英国成为世界霸主，还是20世纪70年代日本对美国霸权地位的挑战，都可以看到一个稳定的霸权国家对维护自由贸易的作用，而当霸权地位受到威胁时贸易摩擦也出现了

---

① 〔美〕罗伯特·吉尔平：《国际关系政治经济学》，杨宇光等译，上海人民出版社，2020，第102页。

显著上升的趋势。[①] 20世纪90年代以来，由普特南（Putnam）提出的双层博弈模型将本国国内政治因素和国外政府共同作为贸易政策的制定因素加以考量，即一国政府在制定贸易政策的过程中，既面临国内利益集团之间的相互博弈，各利益集团试图通过选举和政治捐献对政府决策施加压力以获得符合自身利益的决策，同时又面临与国外政府之间的博弈以实现本国利益最大化。[②] 近几年，国内有学者开始从马克思主义政治经济学的角度出发剖析贸易摩擦产生的深层次原因。谢地和张巩从马克思主义政治经济学分析框架出发分析了中美贸易摩擦产生的根源，指出中美贸易摩擦的本质是国家间经济利益关系的矛盾与冲突，为中国应对贸易摩擦提供了策略。[③] 同时，谢地和张巩认为国际贸易存在固有的国家利益冲突，随着中国的发展，中国会有更多的产业与美国在贸易领域展开竞争，这种竞争是多层次、多维度的，不仅仅有经济竞争，也有价值观、意识形态、制度和发展模式的竞争，应该从经济、政治、制度等多重因素进行考量。[④] 黄惠认为当今发达国家成为逆全球化的鼓动者，不断制造并升级贸易摩擦的原因在于实现本国资本利益的最大化。[⑤] 以上从马克思主义政治经济学的视角分析国际贸易摩擦问题也对本书的写作提供了参考和借鉴。

第三节　应对贸易摩擦的策略

从广义上来讲，贸易摩擦应对方面的所有文献都属于这一节的综述范畴，几乎所有关于贸易摩擦的文章都会涉及应对之策。但是，大多数文献是针对个例的研究，未成体系、零碎且重复，因此，本节重点对贸易摩擦应对的战略和策略相关文献进行评述。

---

① Kazenstein, P. J. , *Domestic and International Forces and Strategies of Foreign Economic Policy* , 转引自王正毅、张岩贵《国际政治经济学——理论范式与现实经验研究》，商务印书馆，2003，第223页。

② Putnam, R. D. , "Diplomacy and Domestic Politics: The Logic of Two-Level Games," *International Organization* 42（1988）: 112 – 143，427 – 460.

③ 谢地、张巩：《中美贸易摩擦的政治经济学分析》，《政治经济学评论》2018年第5期。

④ 谢地、张巩：《国际贸易和国家利益冲突：中美贸易战的多重博弈与中国的出路》，《政治经济学评论》2019年第4期。

⑤ 黄惠：《贸易摩擦、逆全球化发生的深层机理与应对方略——基于马克思主义政治经济学的分析》，《经济问题探索》2020年第4期。

尹翔硕等认为国外文献对贸易摩擦治理路径的研究主要有三个思路：一是依靠国与国之间的谈判与协商进行解决；二是通过贸易摩擦所在企业之间的博弈协调化解；三是通过 WTO 的国际贸易争端解决机制解决贸易摩擦问题。[①] 这三个途径各有利弊，所发挥的作用也不同，需要根据现实情况进行选择。Bac 和 Raff 构建了一个关税贸易摩擦模型，分析了国家间协商解决贸易摩擦的可行性条件。[②] 假定信息不完全，贸易双方的贸易量不大且贸易关系能够长久维持，此时，贸易双方在无限次的重复博弈中会为了持久的贸易利益而彼此妥协，通过协商解决贸易摩擦问题。Baron 指出贸易国通过协商谈判解决贸易摩擦问题所达成的协议是一个纳什均衡结果，均衡点的位置由博弈双方的力量对比及谈判技巧决定。[③] 如果一国对其贸易国的出口依存度较高，则在谈判中就会处于不利地位。戈莫里和鲍莫尔通过构建两国收入模型，认为当贸易双方处于互利区，经济实力差距较大时，双方可以通过协商合作策略解决贸易摩擦问题。[④]

还有一些学者从企业层面研究了协商解决贸易摩擦问题的可能性。由于摩擦中的企业利益不同，且相互竞争，通过企业自主协商解决贸易摩擦问题的可能性较小。根据博弈论的观点，竞争性的企业通过合作可以实现双赢，但有时也会陷入双方都受损的囚徒困境中，即"大棒加胡萝卜"策略：如果双方合作，就会共同获得垄断"胡萝卜"利润，解决贸易摩擦问题；但如果一方不合作，另一方就会采取"大棒"打压的惩罚性措施，如低价竞争，导致双方利益受损。Chang 建立了一般均衡模型对这种观点进一步分析，得出的结论是"胡萝卜"的共同利益是贸易摩擦在企业间得以化解的关键因素；但由于信息的不完全性和外部性，"胡萝卜"有时会带来低效率，如垄断造成的无谓损失。[⑤] Baron 在其论文中指出："若贸易双

① 尹翔硕、李春顶、孙磊：《国际贸易摩擦的类型、原因、效应及化解途径》，《世界经济》2007 年第 7 期。

② Bac, M., Raff, H., "A Theory of Trade Concessions," *Journal of International Economics* 42 (1997): 483 – 504.

③ Baron, D. P., "Integrated Strategy and International Trade Dispute: The Kodak-Fujifilm Case," *Journal of Economics & Management Strategy* 2 (1997): 291 – 346.

④ Gomory, R. E., Baumol, W. J., *Global Trade and Conflicting National Interests* (Cambridge: MIT Press, 2000), pp. 56 – 79.

⑤ Chang, H. F., "Carrots, Sticks, and International Externalities," *International Review of Law and Economics* 17 (1997): 309 – 324.

方中的一方企业与另一方相比力量足够强大，则其可以凭借'大棒加胡萝卜'策略使合作化解贸易摩擦成为可能。"①

在运用国际贸易争端解决机制解决贸易摩擦的问题上，Ederington 和McCalman 研究了 WTO 使用的最惠国待遇原则对于贸易摩擦的影响，结论显示最惠国待遇原则在降低贸易双方不合作的惩罚力度的同时，也降低了贸易双方合作的可能性，同时，最惠国待遇引起的差别性惩罚也降低了贸易摩擦双方协商的可能性。② Kastner 和 Powell 分析了 WTO/SPS 在解决美国和欧盟牛肉贸易摩擦问题上的有效性，其有效性体现在制定国际食品安全标准、制定卫生措施、实现共同健康目标等方面。③ Grinols 和 Perrelli 对WTO 解决贸易摩擦问题的有用性进行研究，结果显示，由于 WTO 贸易争端解决机制的执行期限过长，在减少贸易摩擦数量和缩短贸易摩擦时间方面，WTO 的作用是十分有限的。④

国内学者在应对贸易摩擦方面的研究主要集中在中国（政府、第三方机构、企业）处理与其他国家贸易摩擦问题的政策建议上。闫克远从国家层面出发提出要构建贸易利益平衡机制以化解贸易带来的负面影响，降低贸易摩擦发生的风险，包括与贸易伙伴共同构建利益平衡机制、建立贸易伙伴合作与援助体系、平衡贸易利益以减少国外利益集团的压力等。⑤ 陆长平和张凯认为中国为更好地应对贸易摩擦应加快建设贸易强国、优化货物贸易和服务贸易结构、提升制造业核心技术的自主研发能力与创新水平、实施"一带一路"倡议、构建人类命运共同体。⑥ 刘威和黄璇指出，随着中国国际地位的提升、经济水平的提高，美国在高科技领域对中国设

① Baron, D. P., "Integrated Strategy and International Trade Dispute: The Kodak-Fujifilm Case," *Journal of Economics & Management Strategy* 2 (1997): 291 – 346.

② Ederington, J., McCalman, P., "Discriminatory Tariffs and International Negotiations," *Journal of International Economics* 61 (2003): 397 – 424.

③ Kastner, J., Powell, D., "The SPS Agreement: Addressing Historical Factors in Trade Dispute Resolution," *Agriculture and Human Values* 19 (2002): 283 – 292.

④ Grinols, E., Perrelli, R., "Politics the WTO and Trade Disputes: Evidence from US Cases," *Pacific Economics Review* 2 (2002): 335 – 357.

⑤ 闫克远：《中国对外贸易摩擦问题研究——基于结构的视角》，博士学位论文，东北师范大学，2012。

⑥ 陆长平、张凯：《中美贸易争端的深层次思考及应对策略》，《江西社会科学》2019 年第 2 期。

置贸易壁垒，对此，中国为减少损失、降低贸易摩擦风险，应采取"开拓 +
转移"战略。[①] 一方面要积极开拓共建"一带一路"国家等国外市场，同
时积极扩大内需，以弥补发达国家高科技产品市场份额减少的经济损失；
另一方面可以将中国具有比较优势的信息通信行业的加工制造环节向东南
亚等劳动力资源丰富的发展中国家转移，通过对落后国家的直接投资，将
中国对发达国家信息通信技术的贸易顺差转嫁给其他国家，从而降低贸易
摩擦发生的风险。黄惠指出，国家要以推进开放型高质量经济发展作为应
对贸易摩擦的主攻方向，包括五个方面：一是深化供给侧结构性改革；二
是扩大自主知识产权品牌的出口，提升出口产品的附加值；三是提升服务
贸易在总贸易额中的比重；四是增强外资的技术外溢效应，提高生产效率
和技术水平；五是扩大对外开放，吸纳全球优质资源推进我国经济的高质
量发展。[②] 裴长洪从微观层面提出企业要积极学习国际法规，善于运用
WTO 贸易争端解决机制应对贸易摩擦，同时通过国际直接投资转移贸易摩
擦的潜在风险。[③] 马丽珍提出了企业应对贸易摩擦的措施，包括企业要加
强沟通协调，避免生产过剩导致的低价竞争；加大研发投入力度，增加品
牌价值，提升产品价值链在国际上的地位；实施多元出口战略，降低市场
风险，避免对单一市场的过度依赖；积极学习国际贸易法规，在遇到贸易
摩擦时积极应诉，维护自身合法权益。在运用第三方机构解决贸易争端方
面，马丽珍提出一方面要积极利用 WTO 贸易争端解决机制进行双边和多
边贸易谈判，通过参与谈判制定有利于自身的规则，增强国际话语权；另
一方面也要完善行业协会的中介职能，充分发挥其维护本行业利益、缓解
贸易摩擦的作用。[④] 谢地和张巩指出，中国需要寻求在 WTO 多边贸易规则
下解决贸易摩擦问题的途径，在维护自身利益的同时不断推动国际贸易自
由化进程。[⑤]

---

① 刘威、黄璇：《相对获益与美国对华高技术进口限制研究》，《亚太经济》2019 年第 4 期。
② 黄惠：《贸易摩擦、逆全球化发生的深层机理与应对方略——基于马克思主义政治经济学的分析》，《经济问题探索》2020 年第 4 期。
③ 裴长洪：《我们应如何看待和应对贸易摩擦》，《学习与实践》2005 年第 8 期。
④ 马丽珍：《中美与日美贸易摩擦比较研究》，硕士学位论文，山东师范大学，2012。
⑤ 谢地、张巩：《中美贸易摩擦的政治经济学分析》，《政治经济学评论》2018 年第 5 期。

第四节 文献评述

关于贸易摩擦的内涵，已有文献主要是从几个方面进行阐释：一是贸易摩擦的目的，即追求国家利益最大化；二是贸易摩擦的种类；三是贸易摩擦产生的原因，即利益分配不均引发的矛盾与冲突；四是贸易摩擦具有普遍性。本书在总结已有贸易摩擦内涵的基础上结合研究主旨给出了比较符合理论与实际的贸易摩擦定义，即存在经贸关系的国家在争夺国际市场以及保护本国市场的过程中，如果国际超额利润的分配发生相对变化或存在变化的趋势，那么，出于国家利益最大化的考量，获利下降的一方或自认为获利下降的一方就会采取贸易保护措施，以维护自身利益或减少对方利益，当此举给另一方造成损害时就会引发相互之间的争端与纠纷。

关于贸易摩擦的成因，已有文献从微观理论、中观理论、宏观理论、公共选择理论等四个方面进行了比较深入的研究，从不同角度分析贸易摩擦的成因。微观理论包括完全竞争市场和不完全竞争市场下的两种假设；中观理论以国内外产业结构动态和静态的不匹配作为切入点；宏观理论从宏观经济均衡、国际收支发展阶段、生产力变化、汇率四个角度分析贸易摩擦产生的原因；公共选择理论研究了利益主体在互动过程中，贸易政策决策的内生过程及贸易摩擦的动态演进过程。

关于应对贸易摩擦的策略，国外文献主要有三个思路：一是依靠国家间的谈判与协商进行解决；二是通过摩擦所在企业之间的博弈协调化解；三是通过WTO的国际贸易争端解决机制解决贸易摩擦问题。国内学者在应对贸易摩擦方面的研究主要集中在中国处理与其他国家贸易摩擦问题的政策建议上，大多从政府、第三方机构、企业三方面提出应对策略。

通过对贸易摩擦问题已有的研究文献进行梳理，可以发现，已有文献主要侧重于贸易摩擦现象形态的研究，缺乏对其本质的深入分析。笔者认为，贸易摩擦的本质是国家间经济利益关系矛盾运动的产物，而马克思主义政治经济学就是研究生产关系即经济利益关系的学说。因此，贸易摩擦问题应当回到马克思主义政治经济学的基本原理上来进行深入剖析，以经济利益关系为逻辑起点，深化贸易摩擦问题研究，并据此制定有效的应对贸易摩擦的策略。

| 第二章 |

贸易摩擦的政治经济学分析框架

贸易摩擦是一种经济现象。马克思主义政治经济学的重要特征就是拨开经济现象的迷雾，揭示社会经济运动的内在规律。构建贸易摩擦的政治经济学分析框架，深刻理解贸易摩擦产生的理论前提和生成机理，有利于采取理性的方式化解摩擦、有效应对可能的挑战。

第一节　贸易摩擦产生的理论前提：生产相对过剩

生产相对过剩使贸易摩擦的产生具备了理论上的可能性。生产相对过剩是相对购买力而言的，由于购买力的限制导致生产的产品卖不出去而引起的过剩。自由贸易理论根植于西方主流经济学的稀缺性假设，即有限的资源要满足无限的欲望。在这一假设下，西方主流经济学的"生产 - 消费"模式自然而然被设定为"有限 - 无限"模式，为满足人类无限的欲望，生产的数量越多、种类越丰富，整个社会的福利水平就越高，因此不存在生产过剩现象。自由贸易理论就是建立在这一模式的基础之上的，认为各国通过自由贸易，增加可供消费的产品数量和种类，在不变的资源约束下，稀缺性假设指导下的自由贸易可以使各国福利水平都得到提高。

然而，这个假设与现实存在巨大差异。资本主义的基本矛盾即生产社会化与资本主义私人占有形式之间的矛盾使得生产相对过剩不可避免，经济危机周期性爆发成为常态，现实中的"生产 - 消费"模式并不支持观念意义上的"有限 - 无限"模式，而是生产过多、消费不足的"大 - 小"模式。

马尔萨斯曾较早提出了商品普遍过剩的观点，认为消费能力的有限性难以匹配无限扩大的生产规模，并最终导致生产过剩。凯恩斯则观察到预算约束并不是消费能力的唯一约束，即消费并不会随收入绝对量的增加而同比例增加，随着收入的增加，消费与收入之间的差额会越来越大。由于资本的本质是不断实现资本增殖，其自我生存和发展需要通过不断地占有剩余价值来维持，资本主义通过延长劳动时间或缩短必要劳动时间从而延长相对剩余劳动时间的方法进行大规模生产，致力于把所有生产要素毫无保留地转化为"产品"，而不让其所拥有的机器和原材料成为"剩余产能"，以求最大化攫取剩余价值。因此，资本主义生产本身就蕴含着无限扩大生产的可能性。囿于资本家贪婪逐利的本性，其生产动机"不是使用价值和享受，而是交换价值和交换价值的增殖"①。随后，马克思指出，"构成现代生产过剩的基础的，正是生产力的不可遏止的发展和由此产生的大规模的生产"②。资本积累的螺旋式增长导致生产规模进一步扩大，产量的增加必须依赖市场消费需求的持续性增容。但在现实中，一方面，资本主义商品二因素即使用价值和价值之间的矛盾导致资本流通公式 G—W—G′中的商品在向货币转化时并非一帆风顺，若商品不能满足社会需求，商品向货币转化过程中"惊险地跳跃"一旦失败，商品换不成货币，商品就会滞留在卖者手中形成生产过剩；另一方面，生产资料资本主义的私人占有使"金字塔"式社会结构中具有强劲消费需求的普通劳动者群体购买力不足，限制了消费能力的内生增长，导致商品积压，出现生产相对过剩。普通群众的贫困以及生产力不可遏制的发展，导致群众有限的支付能力无法满足生产持续扩张的需要，即无限供给与有限需求之间的矛盾。因此，现实中的生产无须满足人类无止境的消费欲望，只需符合人的消费能力即可。由于消费能力受收入水平、生理约束和时间约束的制约，不可能无限扩张，即便每个人都能获得他所期望的收入，消费能力仍然要受到生理上和时间上的硬性约束，是有限的。正如马克思所述，"生产力按几何级数增长，而市场最多也只是按算术级数扩大"③。根据马克思主义政治经济学原理，本书认为，贸易摩擦产生的理论前提是生产相对过剩。这是因

---

① 《马克思恩格斯文集》（第5卷），人民出版社，2009，第683页。
② 《马克思恩格斯全集》（第26卷第二册），人民出版社，1973，第603页。
③ 《资本论》（第1卷），人民出版社，2004，第34页。

为，相对于庞大的、无限扩张的生产能力，每个国家民众的购买力都是有限的。由于购买力的有限性，在自由贸易下，一国国内的生产相对过剩就必然会使得产品急于冲出国门寻求国外市场。由于世界市场同时具有无限性和相对有限性，当世界市场的无限性发挥作用时，过剩产品就能够在世界市场上找到出路，此时生产过剩就会得到缓解。但这仅仅是一时的，正如马克思指出，"市场必须同生产一起扩大，在另一方面也就是承认有生产过剩的可能性，因为市场有一个外部的地理界限"①。当一国商品进入世界市场时，就会挤占其他国家的消费能力，导致商品销路受阻。在生产相对过剩的条件下，各国为了争夺有限市场，必然会采取贸易保护主义政策，引发贸易摩擦。

第二节　贸易摩擦的生成机理

根据马克思主义政治经济学原理，贸易摩擦是国际价值规律及国际生产价格规律作用的结果，因此可运用马克思国际价值理论解释贸易摩擦的生成机理。马克思国际价值理论是马克思国际贸易体系中的一个重要组成部分，是产品在世界市场上进行比较、交换以及计算各国盈亏的基础。这一理论虽然没有直接提及贸易摩擦问题，但对贸易摩擦中经济利益关系的矛盾运动提供了可供分析的理论依据。贸易摩擦是世界市场上进行生产、交换的国家之间经济利益关系矛盾运动的产物，而国家间的经济利益关系是在追逐国际超额利润的过程中形成的，进而直接影响国际经济利益分配关系的变化，并导致贸易摩擦。

一　国际价值规律、国际生产价格规律与国际超额利润的形成

1. 国际价值规律与国际超额利润

国际超额利润是马克思国际价值理论的一个重要范畴，它产生于国际价值和国别价值之间的差额。国别价值同马克思主义劳动价值论中的价值别无二致，是凝结在商品中无差别的抽象的人类劳动，由一国内部生产商品的社会平均必要劳动时间决定；国际价值不同于国别价值，它是在世界

---

① 《马克思恩格斯全集》（第26卷第二册），人民出版社，1973，第599页。

市场中形成的，不能由某个国家生产商品的社会平均必要劳动时间决定。分析国际超额利润的产生要在深刻理解国际价值的基础上才能实现。

第一，国际价值的产生。在经济全球化进程中，任何国家要生存和发展，就必须参与到国际贸易中，产品在世界市场上进行生产和交换以什么为基础？如何衡量和计算各国盈亏？马克思国际价值理论正是在这一背景下产生的。根据马克思国际价值理论，国际价值是在世界市场的形成和经济全球化进程中产生的，经济全球化和世界市场的发展在本质上是一致的，是相辅相成的，经济全球化促进了世界市场的产生和扩大，世界市场的不断扩大又推动了经济全球化进程。马克思对于世界市场有过极其精辟的分析和论述，他认为资本在其本质的作用下为追求剩余价值将会不断扩张，根据资本的本性，它必然突破本国市场狭小的限制，走向世界，以获取高额国际利润。一方面，在一国内部，商品的价值由该国的社会平均必要劳动时间决定，世界市场的形成，使劳动成为世界上一切国家的劳动，此时，国内生产和交换中形成的价值（国别价值）就转化为国际生产和交换中形成的价值（国际价值），世界市场上的商品以此为基础进行比较和交换。另一方面，国际价值不仅在世界市场上形成，而且必须在世界市场上得以实现。因为一种劳动能否转化为价值，即能否完成从商品资本向货币资本的"惊险地跳跃"完全取决于其能否满足市场需求，只有得到世界市场的认可，这种劳动才被认为是国际有效劳动。可见，国际价值的产生和实现都离不开世界市场，都是在世界市场上进行的，没有世界市场的形成，就不会产生国际价值。

第二，国际价值的实体。无论是国际价值还是国别价值，消耗的都是无差别的人类劳动。虽然各国从事劳动的具体形式不同，但耗费的都是人的体力和脑力，都是无差别的人类劳动。根据马克思的劳动二重性理论，价值由抽象劳动创造，因此在一国内部，国别价值的实体是生产某种商品所消耗的正常质量或中等强度的抽象劳动。进一步地，国际价值是由世界抽象劳动创造出来的，是一种抽象程度更高的劳动，其实体不是任何国家中等强度的抽象劳动，因为国家不同，生产某种商品所耗费的中等强度的抽象劳动就不同，各国不同中等强度的抽象劳动即国别劳动，只有通过对外贸易，在世界市场上进一步地抽象才能转化为世界劳动，构成国际价值的实体。正如马克思指出，"只有对外贸易，只有市场发展为世界市场，才使货币发展为世界货币，抽象劳动发展为社会劳动"①。"在世界贸易中，商品普遍地展开自己的价值。"② 这一价值，就是国际价值。

第三，国际价值的量。根据马克思的劳动价值论，商品的价值量是由凝结在商品中的社会平均必要劳动时间决定的。所谓社会平均必要劳动时间，就是"在现有的社会正常的生产条件下，在社会平均的劳动熟练程度和劳动强度下制造某种使用价值所需要的劳动时间"③。在一国内部，商品的国别价值量是由一国内部生产商品的社会平均必要劳动时间决定的；在世界市场上，商品的国际价值量是由生产商品所消耗的国际社会平均必要劳动时间决定的。国际价值量之所以必须由国际社会平均必要劳动时间来决定，是因为"每一个国家都有一个中等的劳动强度，在这个强度以下的劳动，在生产一个商品时所耗费的时间要多于社会必要劳动时间，所以不能算作正常质量的劳动"④。马克思指出，"棉花的价值尺度不是由英国的劳动小时，而是由世界市场上的平均必要劳动时间来决定"⑤。各个国家生产某种商品所消耗的社会平均必要劳动时间是不同的，有的国家多些，有的国家少些，因此，一国生产某种商品的社会平均必要劳动时间不能成为世界市场上的社会平均必要劳动时间，国际社会平均必要劳动时间是各国劳动时间的平均数，是指在现有的国际平均技术条件下，在各国劳动者的平均劳动强度和劳动熟练程度下，生产某种商品所需耗费的国际社会平均必要劳动时间，它是衡量国际市场上商品生产者先进与否的标准，国别劳动时间的耗费低于这一标准的能够获得利润，高于这一标准的则会亏损。

第四，国际价值规律。国际价值规律是一国内部价值规律在世界范围内的应用、延伸或变形。它的基本内容是：国际市场上商品的价值由生产该商品的国际社会平均必要劳动时间决定；商品交换以商品的国际价值为基础实行等价交换。国际市场上商品的价值由生产该商品的国际社会平均必要劳动时间决定导致了同一劳动时间内，不同国家能够创造不同量的国际价值。这是因为国际社会平均必要劳动时间是各国劳动时间的平均数，

---

① 《马克思恩格斯全集》（第 26 卷第三册），人民出版社，1974，第 278 页。
② 《马克思恩格斯全集》（第 23 卷），人民出版社，1972，第 163 页。
③ 《资本论》（第 1 卷），人民出版社，2004，第 52 页。
④ 《资本论》（第 1 卷），人民出版社，2004，第 645 页。
⑤ 《马克思恩格斯全集》（第 47 卷），人民出版社，1979，第 405 页。

是指在现有的国际平均技术条件下，在各国劳动者的平均劳动强度和劳动熟练程度下，生产某种商品所需耗费的平均必要劳动时间。而国家不同，劳动的中等强度也就不同，有的国家高些，有的国家低些，强度较大的国民劳动比强度较小的国民劳动在同一时间内会生产出更多的价值。由于马克思指出生产效率较高的国民劳动在世界市场上也被算作强度较大的劳动，通常发达国家劳动生产率较高，因此劳动强度也较大，在同一劳动时间内，能够比发展中国家创造更多的国际价值，在国际贸易中处于有利地位。同样，国际市场上商品的价值由生产该商品的国际社会平均必要劳动时间决定还会导致不同劳动时间内，不同国家能够创造相同数量的国际价值。这就使得发展中国家在国际贸易中常常面临三个劳动日同发达国家的一个劳动日相交换的现象。在国际价值规律的作用下，国际超额利润悄然产生。

第五，国际超额利润的产生。综上所述，国际价值是在世界市场中形成的；国际价值是生产某种商品所耗费的世界范围内的社会平均必要劳动，而不是某个国家中等强度的劳动；国际价值是由生产商品所消耗的国际社会平均必要劳动时间决定的，而不是由一国内部生产商品的社会平均必要劳动时间决定的；在世界市场上商品的交换要以国际价值为基础，实行等价交换。由此可知，由生产商品所消耗的国际社会平均必要劳动时间所决定的国际价值与国别价值不同，各国在世界市场上按照国际价值规律进行商品交换的时候，由各国劳动生产率差异所导致的国别价值和国际价值之间的差额就转化为国际超额利润。正如马克思所说："在以各个国家作为组成部分的世界市场上，情形就不同了。国家不同，劳动的中等强度也就不同；有的国家高些，有的国家低些。于是各国的平均数形成一个阶梯，它的计量单位是世界劳动的平均单位。""不同国家在同一劳动时间内所生产的同种商品的不同量，有不同的国际价值。"① 一般来说，对于同种商品，一国的技术水平越高，劳动生产率越高，生产商品所消耗的劳动时间就越低于国际社会平均必要劳动时间，国别价值低于国际价值，按照国际价值出售商品时，就可以获得国际超额利润；相反，一国的技术水平越低，劳动生产率越低，生产商品所消耗的劳动时间就越高于国际社会平均

---

① 《资本论》（第 1 卷），人民出版社，2004，第 645 页。

必要劳动时间，按照国际价值出售商品时就会吃亏。马克思在《资本论》中指出，"只要生产效率较高的国家没有因竞争而被迫把它们的商品的出售价格降低到和商品的价值相等的程度，生产效率较高的国民劳动在世界市场上也被算作强度较大的劳动"①。也就是说，这样会实现国际超额利润。而对于这个国际超额利润，生产效率较高的国家并没有付出与之相应的劳动，根据马克思的论述，只是由于本国生产效率较高的国民劳动在世界市场上也"被算作"强度较大的劳动的结果。因此国际超额利润是从劳动生产率较低的生产者所创造的价值向劳动生产率较高生产者的转移，它来自高于国际平均劳动生产率的企业对世界市场上所有低于国际平均劳动生产率的同类企业的剥削。可见，国际超额利润的产生是各国劳动生产率差异下国际价值规律发生作用的结果。

2. 国际生产价格规律与国际超额利润

虽然马克思并没有关于国际生产价格规律的直接论述，但其对于国内生产价格形成的研究为我们提供了理论基础和思路借鉴。

根据国际生产价格理论，生产价格等于生产成本加平均利润。马克思认为，价值、价格、生产价格三者产生的先后顺序是价值形成在先，然后产生价格，而生产价格则可能在一定条件下最后出现，即先有价格，后有生产价格。对此，马克思给出了解释：因为价值作为商品交换的尺度所需条件较少，而生产价格的出现则不同，只有具备充分竞争的市场环境且各种生产要素能够自由流动，才能使各部门的利润趋于平均化，在此基础上形成生产价格。正如马克思所说："商品按照它们的价值或接近于它们的价值进行的交换，比那种按照它们的生产价格进行的交换，所要求的发展阶段要低得多。按照它们的生产价格进行的交换，则需要资本主义的发展达到一定的高度。"② 按照马克思的分析逻辑，亦可得出国际生产价格等于国际生产成本加国际平均利润的结论。同样，国际平均利润率的形成与国内平均利润率一样，需要实现自由竞争和不同生产要素在国际市场上的自由流动，这是国际价值向国际生产价格转化的条件。各国在经济发展水平、资本有机构成等方面存在差异，导致利润率在国家间也不相同，如果

① 《资本论》（第 1 卷），人民出版社，2004，第 645 页。
② 《资本论》（第 3 卷），人民出版社，2004，第 197 页。

生产要素可以在国际市场上自由流动，那么，根据资本的逐利性，各种生产要素就会竞相流入利润率较高的国家，从而导致该国产量增加直至出现供过于求，价格下降，利润率降低；而对于利润率较低的国家，生产要素的流出会导致该国产量下降直至出现供不应求，引起价格上涨，利润率提高。最终，利润率会趋于平均化，形成国际平均利润率，此时，国际价值就转化为国际生产价格了。但是，现实中，生产要素在国际市场上的自由流动会遇到各种限制，如发展中国家的劳动力要素、发达国家的资本要素和先进技术要素都会受到政府限制而使流动受阻，影响国际生产价格的形成。在一些进入门槛低、垄断性弱、竞争充分的产业和生产环节，生产要素可以自由进出，利润率能够很容易地实现平均化，国际价值可以顺利转化为国际生产价格，商品按照国际生产价格出售以实现其价值。但在一些进入门槛高、垄断性强的产业和生产环节，外部资本难以进入，平均利润率难以形成，产品仍然要按照生产成本加垄断利润，即国际价值出售。因此，国际价值超过国际生产价格的部分就形成了国际超额利润，由不参加利润率平均化的垄断行业和价值链环节获得。一般来讲，在价值链的生产制造环节，由于模块化生产方式的广泛引入，生产的技术含量低，资本进入门槛较低，大量资本可以自由进入这些环节，因此难以获得国际超额利润。而在研发设计、营销等环节，由于存在较高的知识和技术含量，垄断性强，进入门槛高，不参与利润率平均化的过程，因此，凭借卖方垄断能够获得大量的国际超额利润。

由以上分析可知，国际超额利润一方面来自国别价值低于国际价值的差额，根本原因是各国生产同种产品的劳动生产率不同，在国际价值规律的作用下，国际超额利润由生产同种产品的劳动生产率较高的生产者获得；另一方面国际超额利润又来自价值的实现，那些平均利润率难以形成的垄断产业或生产环节能够获得国际超额利润。

二　国家间经济利益分配关系的形成

各国在世界市场上从事贸易活动就是为了获得国际超额利润，国家间经济利益分配关系就是在各国追逐国际超额利润的过程中形成的。根据马克思国际价值理论，国际超额利润的获得与否和各国劳动生产率的高低有着直接的关系。如果一国生产某种产品的国别社会平均必要劳动时间低于国际社会平均必要劳动时间，即劳动生产率高于国际平均水平，在世界市场上按照国际价值进行交换时就能够获得国别价值低于国际价值的国际超额利润。相反，如果一国生产某种产品的国别社会平均必要劳动时间高于国际社会平均必要劳动时间，即劳动生产率低于国际平均水平，其生产者创造的价值就会向劳动生产率较高的生产者转移，导致其由于国别价值高于国际价值而在贸易中亏损。因此，为了获得国际超额利润，各国都会选择发展本国劳动生产率高于国际平均水平的产业和生产环节。总体来说，发达国家技术水平高，企业的劳动生产率一般高于国际平均劳动生产率；而发展中国家技术水平较低，企业的劳动生产率往往低于国际平均劳动生产率。那么发达国家会因此从事所有产业而获得全部超额利润吗？答案并非如此。对于劳动密集型产业和生产环节来说，劳动生产率水平对超额利润的获得虽有影响，但其影响则更多地体现在技术含量高的产业和生产环节上，也就是说，虽然发达国家与发展中国家相比劳动生产率较高，但国民工资水平即劳动力成本也较高，如果发达国家工人的工资水平与发展中国家相比过高，以至于发达国家较高的劳动生产率对超额利润获得产生的正效应难以抵消其高工资成本对超额利润获得产生的负效应，那么，与发展中国家相比，发达国家劳动密集型产品仍然不具有竞争力，难以获得国际超额利润。这就是发达国家把劳动密集型产业和生产环节转移至发展中国家的原因。而在技术密集型产业的生产工序上，由于包含大量的知识和技术含量，进入壁垒高、垄断性强，发达国家利用技术、资金、管理等优势，一方面在一些存在竞争性的生产环节中可以凭借较高的劳动生产率获得国别价值低于国际价值的国际超额利润；另一方面在具有垄断地位的生产环节中亦可以凭借卖方垄断势力获得国际超额利润。

在国际价值规律的作用下，基于国际超额利润的生成因素，参与贸易的各国在对国际超额利润的追逐过程中逐渐形成这样一种经济利益分配关系，即发达国家主要从事技术密集型产业，掌握全球价值链的研发、设计、营销等高端环节和高附加值领域，获得了丰厚的国际超额利润；发展中国家主要从事劳动密集型产业和全球价值链中的加工、组装等低端环节，只能获得微薄的加工费。虽然各国根据自身的比较优势参与国际分工，在国际价值规律的作用下遵循等价交换原则，但所获得的经济利益却存在巨大差距。以产品价值链生产环节为例，发展中国家虽然在加工、组装等劳动密集型生产环节中具有比较优势，能够以国别价值低于国际价值的价格获得国际超额利润，但由于所从事的加工、组装环节进入壁垒低，因此企业具有规模小、数量多的特点，往往被从事上游垄断生产环节的发达国家跨国企业所控制。为获取跨国企业的代工资格，众多从事加工、组装环节的企业之间进行着激烈的竞争，少数需求者与众多供给者之间的力量不对等形成了在加工、组装品市场上的买方垄断，发达国家的跨国企业可以凭借强大的垄断势力对发展中国家的代工企业进行压榨，使其只能通过降低劳动力成本获得微薄的加工利润。相比发展中国家，发达国家一方面利用买方垄断市场优势，降低其跨国企业向代工企业支付的组装完成品价格；另一方面凭借销售市场的卖方垄断地位，获取巨额利润。如苹果公司，获利颇丰的是美国从事的创新、设计、销售等生产环节，而中国从事的加工、组装环节只能获取微薄利润。

三 国家间经济利益分配关系变化引致的贸易摩擦

由以上分析可知，国际超额利润由技术水平高、劳动生产率高以及在生产环节中占据垄断地位国家的企业所获得。因此，在国家间经济利益分配关系中，发达国家凭借先进技术、较高的劳动生产率以及生产环节中的垄断地位，所获利润要远高于发展中国家。但是，各国所获得的国际超额利润不是一成不变的，当影响国际超额利润生成因素的劳动生产率和垄断地位发生改变时，就会引起国家间经济利益分配关系的变化，在变化过程中，所获利润下降、利益受损或自认为利益受损的一方就容易挑起贸易摩擦。例如，从当今以生产要素分工为主的国际分工形态来看，其具有两个特点：一是产品价值链被细分；二是生产要素的跨国流动性增强。这二者的结合使得一种产品甚至是产品的一个生产环节都是由多国共同生产而成，各国可以凭借本国具有比较优势的生产要素参与国际分工，大大降低发展中国家融入国际分工体系的门槛。首先，从产品价值链被细分的角度来看，比较优势的定义被大幅度收窄，一个国家已经无须在生产一个完整的产品上具有比较优势，只需在产品的某个生产环节上具有比较优势就可以参与全球化生产，如发展中国家利用劳动力资源优势从事产品的加工、组装、制造等环节。这使得发展中国家可以通过融入全球分工体系获得产业发展的机会，产业的国际梯度转移及产品生命周期的变化会促使发展中国家提高劳动生产率，改变要素禀赋结构，为产业转型升级提供了可能性。其次，从生产要素跨国流动的角度来看，发达国家在向发展中国家进行产业和生产环节转移的同时也伴随着资本、技术等优势生产要素的流动，资本、技术的外溢效应能够增加发展中国家高端生产要素的存量。更重要的是，要素的流入对发展中国家来说会使闲置资源得到充分利用，促进比较优势由潜在向现实转化。以生产要素分工为主的国际分工形态使得发展中国家有机会实现价值链生产环节向上游移动。随着中国等新兴经济体的发展，发达资本主义国家的霸权地位日渐削弱，"金砖五国"占全球GDP的份额由1991年的7%上升到2016年的23.8%，而美、加、德、意、英、法、日等七国占全球GDP的份额由1990年的67%下降到2011年的不到50%。[①] 因此，发达国家认为当今的国际分工形态使得发展中国家在全球化过程中获得了巨额利润，曾经由其主导的经济利益分配关系呈现变化趋势，阻止这一趋势的发展以维持原有的经济利益分配关系是现阶段发达国家采取贸易保护主义、制造贸易摩擦的动因所在。

第三节 贸易摩擦的内因分析：国内经济利益关系的矛盾与冲突

由于一国贸易政策会受到其国内选民和利益集团的影响，而经济全球化对一国不同利益群体的影响又是非中性的，因此，贸易摩擦的国内政治动力源于全球化过程中的受益群体与受损群体之间的冲突。通常情况下，直接或间接参与跨境经济活动的社会群体，包括资本家、跨国公司财团、金融资本阶层和高技能劳动者，他们能够从全球化资源配置的高效率中获益，成为自由贸易政策的维护者和全球化的推动者；而被跨境经济活动排挤在外的低技能劳动者、非熟练工人等群体则很容易被国外更为廉价的劳动力所替代，成为全球化中的利益受损群体，是保护主义和逆全球化的主要推动者，其政策主张反映在贸易中就会产生贸易摩擦。由于经济利益的根本差别，一国内部各个利益群体政治力量的此消彼长会不断通过贸易政

---

① 甘子成、王丽荣：《逆经济全球化现象研究：理论基础、本质透视及应对策略》，《经济问题探索》2019年第2期。

策表现出来。当国际贸易中的利益受益群体在政治地位上占据上风时，其自由贸易的主张就会反映在贸易政策中；相反，当国际贸易中的利益受损群体在政治上占据主动地位时，政府就会更多地采取贸易保护主义政策，引发贸易摩擦，这里在政治上占据主动地位是指由于全球化中的利益受损群体构成了选民中的大多数，因此，其贸易保护主义的主张很容易通过选举得到民主政府的支持，进而影响贸易政策的制定。

从国内经济利益关系矛盾与冲突的角度观察贸易摩擦问题可以有三个维度。

第一，资本有机构成的变化。资本主义生产的实质就是通过对剩余劳动的榨取从而尽可能多地创造剩余价值进行资本积累。剩余价值的创造只有两个途径。一是通过延长劳动时间或提高劳动强度，增加绝对剩余价值的生产。资本无限度追逐剩余价值的本质必然使得资本家加重对工人的剥削和压迫，延长工人的劳动时间，这激起了工人阶级的强烈反抗，他们为反对过度延长工作时间同资本家展开了一系列斗争。长期的斗争促进了正常工作日的规定及《劳动法》的形成，使得这种做法越来越受到限制。二是提高劳动生产率，通过延长剩余劳动时间增加相对剩余价值的生产。在总劳动时间不变的前提下，为了获得更多的剩余价值，资本家必然会不断改进生产技术，提高劳动生产率。这一方面提高了资本的技术构成，使得由资本技术构成决定并且反映技术构成变化的资本价值构成的资本有机构成不断提高。另一方面技术的进步催生了大量的机器生产，由于一定量资本所提供的剩余价值包含两个因素：一个是剩余价值率，一个是雇佣工人人数。根据公式剩余价值率＝剩余价值/可变资本，为了提高剩余价值率，就必须把更多的资本投在机器设备上，减少可变资本的投入，从而雇佣工人的人数也随之相应减少。由此得出了资本有机构成理论中的一个重要结论：随着技术的进步，智能化生产比重逐渐上升，导致作为可变资本（V）部分的劳动力不断减少，而作为不变资本（C）部分的原材料等不断增加，最终使资本有机构成（C/V）大幅提高。这种现象造成两方面的后果。一方面，随着机器的发展工人被排斥，大量低技能工人因被机器取代面临失业，劳动力市场供求状况失衡。供过于求迫使工人不得不服从于资本家强加于他们的"法律"，增强了资本家压低劳动者工资的话语权，劳动者工资收入下降，工作时间被延长。另一方面，根据马克思的观点，机器只转移价值，不创造价值，即"剩余价值不是来源于资本家用机器所代替的劳动力，恰恰相反，是来源于资本家雇来使用机器的劳动力"①。由此可知，由劳动力构成的可变资本部分比重越小，即资本有机构成越高，资本家能够获得的剩余价值就越少。面对剩余价值减少、利润率下降的损失，资本家只有拼命延长工作时间，重新采用既增加相对剩余劳动，又增加必要剩余劳动的方法，加大对劳动力的剥削。由此可见，资本主义中下阶层遭遇困境的根源是资本有机构成不断提高下资产阶级对雇佣劳动者的剥削，但资本主义国家为掩盖事实真相，将国内群体经济利益关系的矛盾与冲突归咎于全球化，指责是国际贸易抢走了本国劳动者的"饭碗"，并通过制造贸易摩擦来缓解国内阶级矛盾。因此，贸易摩擦有些时候充当着政府缓解国内阶级矛盾的工具，尤其在经济下行、各种社会问题和矛盾叠加之时，政府为转移国内危机更易挑起贸易摩擦。

第二，经济全球化的"不可能三角"。该理论由丹尼·罗德里克（Dani Rodrik）提出，认为一国政府不能实现经济全球化、国家主权和民主政体的三全其美，而只能在其中任选两个。"我们不能同时拥有经济全球化、国家主权和民主政体，如果想要实现经济全球化并且掌握国家主权，就必须要放弃民主政体；如果选择民主政体，又要推行经济全球化，则只能放弃国家主权；如果同时选择国家主权和民主政体，就必须采取贸易保护主义政策，难以实现经济全球化。"② 该理论所蕴含的经济学逻辑是：由于资本逐利性的本质，资本必然会从劳动力、生产资料等成本较高的国家流向生产成本较低的国家以寻求高额利润。这样一来，那些生产成本较高的国家，由于本国劳动力无法自由流动或流动性低而必然要面临资本流出所带来的失业风险。那么，利益受损的劳动者就会通过民主政体将其利益诉求表达出来，如果政府担心跨国资本权力会影响自身的主权地位，就会应利益受损群体需求而采取贸易保护主义政策，经济全球化则面临挑战。当然，如果政府不顾本国劳动力群体的利益诉求而强行推进经济全球化，就会破坏民主政体。此外，政府为获得本国利益受损群体对经济全球化的支

---

① 《马克思恩格斯全集》（第 23 卷），人民出版社，1972，第 446 页。
② 〔美〕丹尼·罗德里克：《全球化的悖论》，廖丽华译，中国人民大学出版社，2011，第 167 页。

持，可能通过转移支付等手段对其给予补偿，但政府这样做的同时其实已经部分地放弃了政策上的主权。由此可见，参与对外贸易的国家难以实现经济全球化、国家主权和民主政体的三全其美，最多只能在其中选择两个。

对于罗德里克的经济全球化"不可能三角"理论，如果借助马克思、恩格斯关于经济全球化的世界市场理论分析理解，则会有更深刻的洞见。首先，马克思和恩格斯高度肯定了资本在推动经济全球化过程中的作用。资本的本质是对剩余价值和利润的无止境追逐，以实现资本增殖，这推动了生产规模的不断扩大，资本家为获得更多的剩余价值一方面继续扩大再生产，另一方面进一步加深对工人的剥削，改进技术、提高劳动生产率……在如此的循环反复中，资本逐渐冲出国门，资本关系扩展到世界各地，直到世界市场形成。正如马克思所说："资本一方面要力求摧毁交往即交换的一切地方限制，征服整个地球作为它的市场，另一方面，它又力求用时间去消灭空间，就是说，把商品从一个地方转移到另一个地方所花费的时间缩减到最低限度。资本越发展，从而资本借以流通的市场，构成资本流通空间道路的市场越扩大，资本同时也就越是力求在空间上更加扩大市场，力求用时间去更多地消灭空间。"① 由此可见，资本的内在运动逻辑是推动经济全球化的动力。其次，马克思和恩格斯也指出了经济全球化中存在无法克服的矛盾，即劳动与资本之间的矛盾。正如马克思在《关于自由贸易问题的演说》中的观点，新自由主义就是要实现资本不受约束的跨国流动，排除一切阻碍资本自由流动的障碍，以实现资本增殖。无论自由贸易为资本增殖创造了如何更加有利的条件，只要资本和劳动的关系继续存在，就永远会有资本家和雇佣工人，即剥削阶级与被剥削阶级。那些认为通过自由贸易可以让资本运作得更有效率，从而消灭剥削与被剥削关系的想法，完全是崇尚自由贸易信徒的虚伪幻想，相反，资本在全球范围内的扩张只会加剧这两个阶级的矛盾。

可见，马克思对于资本主义制度下自由贸易中的资本与劳动之间对立关系的洞见为我们进一步理解经济全球化的"不可能三角"有着深刻的启示，即经济全球化的"不可能三角"不过是资本和劳动矛盾在国际范围内

---

① 《马克思恩格斯全集》（第30卷），人民出版社，1995，第538页。

的展开。由于资本谋求的是经济全球化，而本国工人需要通过民主政体表达自身利益诉求，因此，可以用跨国资本、本国工人去替代罗德里克所提出的经济全球化"不可能三角"中的经济全球化和民主政体。资本和本国工人的对立使得资本主导下的经济全球化希望政府采取自由贸易政策为资本增殖开辟市场、拓展空间；而本国工人则要求政府保住其就业岗位，使本国产业免受国外竞争。基于此，国家主权对经济全球化就会产生一种矛盾的态度，如果国家主权维护的是本国大多数工人的利益，就会采取贸易保护主义政策，由此引发贸易摩擦。如果国家主权只反映跨国资本的需求，置本国劳动者利益于不顾，继续推行经济全球化，就会使工人利益受损，民主政体遭到破坏。这就必然使跨国资本、主权国家与本国工人三者的利益需求不能同时得到满足，只能实现其中两个，形成了经济全球化的"不可能三角"。

事实上，自新自由主义在全球范围内被广泛推崇以来，经济全球化就朝着有利于垄断资本而不利于本国工人的方向发展。这也是目前以美国为代表的资本主义发达国家推动逆全球化、挑起贸易摩擦的原因之一，问题的根源并不在于经济全球化本身（因为作为中心国家和国际经贸秩序的制定者，发达国家利用技术和创新优势长期占据着全球价值链的高端环节，获得了大部分国际超额利润，收益颇丰），而在于发达国家推崇的新自由主义政策长期以来代表的主要是跨国垄断资本的利益，本国中下阶层的利益严重受损且没有得到补偿，国内贫富差距不断拉大，阶级矛盾凸显，民主政体岌岌可危。基于此，政府采取的贸易保护主义政策不管其本质上是何意图，从表面上体现的却是中下阶层的利益，有助于缓和国内阶级矛盾，巩固政府的执政地位。由此可见，贸易保护主义引发的国家间贸易摩擦正是经济全球化的"不可能三角"发生作用的结果。

第三，市场扩张与约束的"双向运动"。卡尔·波兰尼的"双向运动"理论依据的是社会中围绕两种组织原则而展开的运动，即"经济自由主义运动和社会保护运动。前者主要由市场经济中的受益群体推动，包括从事出口行业的大资本家、金融财团等，主张实现经济自我调节，奉行自由贸易政策；后者由市场经济中的利益受损群体推动，是一种与经济自由主义运动相反的社会保护运动，主张采取保护性立法对市场经济的扩张进行约束，奉行贸易保护主义政策"①。同时，波兰尼进一步指出：全球化就是由"双向运动"支配的，即市场扩张的同时会不断遭遇旨在约束市场扩张的反向运动。"双向运动"理论为由国内经济利益关系的矛盾与冲突引发的贸易摩擦提供了一个解释的视角。

"双向运动"理论的逻辑在于，市场以追逐利润最大化为目的，力图"脱嵌"并全面支配社会，从而使超越获利动机的社会关系从属于市场体系；而社会则以其追求自由、平等的理念，抵制市场"脱嵌"行为，用民主程序保护自己免受自发调节的市场体系所带来的威胁，让市场嵌入民主社会，即市场力量持续扩张并力图"脱嵌"社会引发的阶级矛盾会导致经济自由主义和社会保护主义二者之间剧烈的冲突，而此时，统治阶级为了维护社会稳定，缓和阶级矛盾，必须顾及弱者的权益，采取手段对社会进行保护。波兰尼对此给出的解释是，市场并不是独立于国家存在的，市场的运行需要政府制定规则，而一国国内的市场规则是由不同利益群体的实力结构和国家权力机关间相互博弈决定的。随着全球化的不断扩张，自由主义市场规则占据上风，在这一规则的指导下，全球化主导国家的国内不平等程度不断加剧，受益群体和受损群体的阶级矛盾加剧，如果政府不采取对受损群体的补偿措施，自由的经济全球化将难以为继而最终走向其反面。

从现实来看，20 世纪 70 年代的石油危机导致的资本主义经济萧条使得以内嵌自由主义为原则的经济全球化从 20 世纪 80 年代开始逐渐向以新自由主义为原则的经济全球化转变。与内嵌自由主义全球化强调的对社会采取再分配等措施补偿受损群体的规则制定理念不同，新自由主义全球化的政策特点主要有三个：一是政府应允许产品、资本在国际范围内自由流动；二是政府应将其拥有的企业私有化；三是政府如果不能彻底取消，也应尽可能减少对社会福利方面的转移支付。由此可见，新自由主义是古典自由主义的延伸，核心思想是给予资本绝对的自由以追逐利润最大化，使资本在全球范围内不受国内、国际规则的控制。在英美新自由主义全球化的倡导下，资本主义的多样性逐渐趋同于新自由主义，新自由主义使全球

---

① 〔英〕卡尔·波兰尼：《大转型：我们时代的政治与经济起源》，冯钢、刘阳译，浙江人民出版社，2007，第114页。

化在市场力量的释放下大行其道，二战后以再分配等手段对自由化进程中受损群体予以补偿的内嵌自由主义全球化共识近于崩解。正如彼得·埃文斯指出，"新自由主义将普通民众暴露于全球化风险之中，却拒绝对其所承担的风险给予补偿"[①]。在新自由主义全球化的推动下，支持市场力量扩张的这部分群体的政治影响力上升能够推动自由化进程朝着有利于自身的方向发展，导致贫富差距在国家内部不断扩大，"涓流效应"即经济全球化所带来的经济增长能够让所有阶层都受益的口号并未实现。生产要素的全球化配置改变了发达国家内部的经济利益分配关系，这是因为在全球化进程的加速推动下，资源在全球范围内得到重新配置，资本所有者可以充分利用各国优势资源提高生产率，获得超额利润。其中就包括发达国家为降低生产成本将本国的劳动密集型产业和生产环节转移至发展中国家以充分利用其丰富且廉价的劳动力资源，这样一来，发达国家内部的低技能劳动力就会被发展中国家更为廉价的劳动力所替代，导致其不得不面临失业的境况。据美国劳工部统计，美国普通制造业员工每周薪水在 500 ~ 700 美元，年薪平均 3 万美元，熟练蓝领工人年收入可达 6 万 ~ 7 万美元。相比之下，发展中国家尤其是东南亚地区的劳动力成本具有明显优势。2020年，越南指定的一级地区的最低工资月薪为 190 美元，菲律宾日薪在5.73 ~ 10.61 美元，柬埔寨每月最低工资为 190 美元。由此可见，在为降低生产成本而进行产业和生产环节国际梯度转移的过程中将导致美国大量制造业工人失业。[②] 美国的一项调查统计数据显示："一个母公司在跨国子公司的投资每增加 1%，就会减少母国 0.01% ~ 0.18% 的就业机会，如果母公司在跨国子公司的投资增加一倍以上，则母国的就业机会就会减少1.8% 以上。"[③] 进入金融资本主义时代，股票、债券等金融衍生品的快速吸金及致富效应使劳动报酬占 GDP 的比重持续下降，发达国家的工资中位数长期陷入停滞状态。克鲁格曼指出，"美国的经济增长并未让普通民众

① Evans, P., "Is an Alternative Globalization Possible?," *Politics & Society* 36 (2008): 299.
② 李玉：《后金融危机时代美国制造业现状及启示》，《西南金融》2020 年第 10 期。
③ Harrison, A. E., McMillan, M. S., "Dispelling Some Myths about Offshoring," *Academy of Management Perspectives* 11 (2016): 115 – 127.

从中受益，经济增长与中下阶层的生活境况相向而行"①。2010 年，德国中产阶层收入所占比重已由 2000 年的 62% 下降至 54%。与中下阶层形成对比的是，大资本家和金融财阀等群体从经济全球化中获得了巨额财富。美国经济学家西蒙·约翰逊指出，金融部门所得利润占美国企业利润总量的比重从 1985 年的不足 16% 上升至 20 世纪 90 年代的 30%，到了 2011 年，这一比重更是在 40% 以上。同时，金融从业者的薪酬水平也大幅提高，2010 年已经是其他行业从业者的近两倍。②

失业的上升和收入水平的相对下降使得发达国家的中下阶层群体日益认识到经济全球化所带来的经济增长成果并未得到均衡分配，而更为严重的是政府并未对利益受损群体做出应有的补偿。美国每年从全球化中可获得 1 万亿美元的收益，政府只要拿出 500 亿美元就可以抵消全球化给利益受损群体带来的负面影响，实现帕累托改进。③ 然而，现实却是大相径庭，补偿措施从未落实，大资本家、金融家及跨国公司财团等全球化利益受益群体并没有将一部分收益用于补偿利益受损群体，而是将其用于游说以寻求政府的政策支持，进而打压全球化的反抗者。在新自由主义的推动下，资本在全球范围内的扩张加剧了一国国内的不平等程度，财富不断向全球化的推崇阶层集中，中产阶层规模不断缩减，收入水平相对下降，尤其是在石油危机、金融危机之后，经济的衰退使中下阶层民众的境况更加糟糕，利益受损群体规模的扩大使他们的观念力量不断积聚，在克服了"选择性激励"后开始作为一个集体进行反抗，要求纠正其所遭受的不公平待遇，扭转日益不平等状况，由此产生了与经济自由主义运动相反的、制约市场力量扩张的社会保护运动。换言之，国内各群体的政治力量对比是"双向运动"的微观基础，"双向运动"的失衡使当今新自由主义全球化陷入困境，开始向限制自由贸易的方向转变，出现了以发达国家为主导的逆全球化倾向。因此，当今发达国家采取贸易保护主义引发的贸易摩擦从某种程度上来看是"双向运动"失衡作用的结果。

---

① 〔美〕保罗·克鲁格曼：《美国怎么了？一个自由主义者的良知》，刘波译，中信出版社，2008，第 95 ~ 155 页。

② 孙伊然：《逆全球化的根源与中国的应对选择》，《浙江学刊》2017 年第 5 期。

③ 孙伊然：《逆全球化的根源与中国的应对选择》，《浙江学刊》2017 年第 5 期。

第四节　贸易摩擦的外因分析：国家间经济利益关系的矛盾与冲突

通过贸易摩擦现象可以看出，国内的价值规律到国际上似乎不起作用了，一国国内由于企业劳动生产率提高进而引发市场竞争优胜劣汰的法则应用到国际贸易中可能会产生贸易摩擦。这是因为国际贸易存在固有的国家利益冲突，一国的技术进步、劳动生产率提高会改变产业间、产业内、产品内贸易国的经济利益分配关系，国家间经济利益关系出现矛盾与冲突，从而引发贸易摩擦。下面将从产业间贸易、产业内贸易、产品内贸易三方面解释一国技术进步、劳动生产率提高导致国家间经济利益分配关系发生变化，进而产生贸易摩擦的过程。

一　国家间经济利益关系的矛盾与冲突——基于产业间贸易的分析

传统贸易模型和新贸易模型均认为贸易可以产生双赢的结果，通过贸易各国的福利水平都会得到提高。当然，这个结论是建立在以自然优势为主导，技术、资源给定，规模不经济，完全竞争市场等严格假设的基础之上的。在不发达的农业社会中，一国生产什么完全是注定的，自然优势成为产业选择的决定因素，即一国凭借各自的自然优势，以最低的成本成为某个产业的唯一生产者，在技术、知识和可得资源给定的情况下，完全竞争的市场总是将经济推向一个稳定的均衡结果，使所有贸易国都能从交换中受益。但是，进入工业社会后，很多产业要求大规模生产，规模经济、高进入壁垒、"干中学"等后天优势而非自然优势在产业竞争中起到了主导作用。各国都可以通过学习实现技术赶超从而获得一个产业的领先地位。与古典贸易模型不同，在一个生产率可以发生变化的经济中，会产生大量的均衡结果，一些结果可能给一国带来很高的经济利益，提高其福利水平，而许多其他结果却并不理想，即对一国来说的最优结果往往对它的贸易伙伴不利，国际贸易存在固有的利益冲突。下面将对此进行解释。

为了体现全球贸易，假设世界上只有英国和法国两个国家，一种产品只由一个国家生产。与规模收益递减，技术、资源给定的世界中只有一种稳定均衡结果的情形不同，生产率发生变化的两国世界将产生许多均衡结果。如果两国只交换 10 种产品，由完全专业化均衡数量的基本方程 $2^n - 2$ 可知，将有 1022 种可能的均衡，如果交换的商品达到 20 种，就会有超过 100 万种可能的均衡（见表 2 - 1）。由于现实中可交易的产品不计其数，因此，均衡的数量十分庞大。

表 2 - 1　贸易品的数量和均衡的数量

单位：种

贸易品的数量	2	3	4	5	6	7	8	9	10	…	n
均衡的数量	2	6	14	30	62	126	254	510	1022	…	$2^n - 2$

假设只有 10 个产业，每个产业只生产一种产品且只由唯一的国家进行生产，对每一种均衡——国家和产业的每一种可能组合，我们都将用每一个国家生产的产品数量乘以每种产品的价格来计算其国民收入（为方便起见，我们用美元来表示）。对于每种均衡的结果，一旦确定了每个国家从事何种产品的生产，并且已知每种产品的供给量和销售价格，就可以确定每个国家的国民收入。首先把每种商品的价格乘以其供给量来获得该产品的总收入，然后把所有产品的总收入加总就得到该国的国民收入，进而就能计算出每个国家在世界收入中的份额。假设在一个均衡点（图 2 - 1 中的 A 点）上，世界收入为 20 万亿美元，其中，英国国民收入为 8 万亿美元，占世界收入的 40%；法国国民收入为 12 万亿美元，占世界收入的 60%。如图 2 - 1 所示，将一国占世界收入的份额用横轴表示，则英国国民收入的份额是从 0 向 100% 移动，法国则从相反方向移动，同时，用纵轴表示特定国家的国民收入或世界收入。

用同样的方法，可以描绘出 10 个产业分配在英国和法国两个国家的所有均衡点，结果如图 2 - 2 所示，带状区域包含 1000 多个均衡点，每个产业都由唯一的国家进行生产。当然，如果一个产业由多个国家同时生产，那么将会出现更多的均衡点。

在图 2 - 2 中，1000 多个均衡点落在了一个明显的带状区域内，在由英法两国 10 个产业组成的世界中，带状区域内的每种世界收入水平都有可能发生，中间凸起的部分表示最高水平的世界收入，而在低处的两端（A

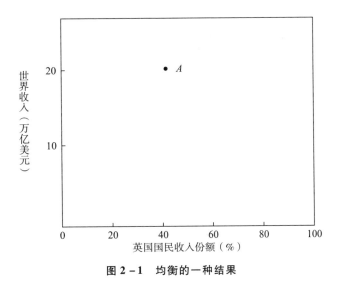

图 2-1　均衡的一种结果

点、B 点）则是英国或法国将生产世界上的所有产品，也就是说，一国占据世界收入 100% 的份额，而另一国几乎什么都不生产，这样的均衡结果似乎是无效率的，因为如果一个国家的所有产品都自给自足，它的劳动力就不得不在许多产业间进行分配，这种情况下的世界产量和世界收入都会比较低。相反，在带状区域的中间部分，每个国家都专业化地从事其最具生产效率的产业，世界收入会因此而更高。

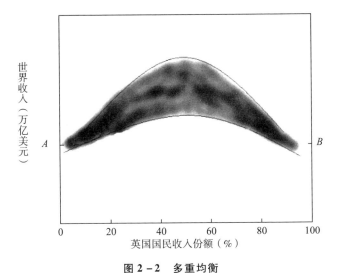

图 2-2　多重均衡

为了说明国际贸易可能引发的国家利益冲突，在两国模型中，需要对英国和法国的均衡点分布图进行讨论。根据经济学定义，英国或法国的国民收入等于世界收入乘以英国或法国在世界收入中所占的份额。因此，可以将图2-2中的每个均衡点转化为图2-3、图2-4中的均衡点。转化的结果为：纵轴代表英国或法国的国民收入，横轴代表英国或法国占世界收入的份额。

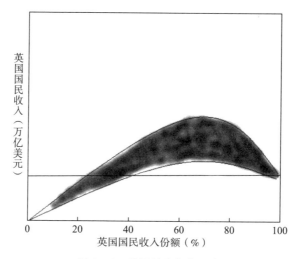

图2-3　英国的均衡点分布

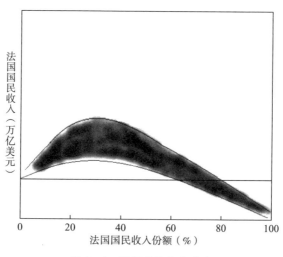

图2-4　法国的均衡点分布

我们以英国的均衡点分布（见图2-3）为例来分析单个国家均衡点所产生的经济结果。在图2-3中靠近左端的位置，英国占世界收入的份额非常小，所以国民收入很低；而在右端，英国的份额接近100%，故其国民收入约等于世界收入。在呈山形的英国均衡点分布区域内，最初，带状区域的上边界线随着世界上边界线的上升而上升，此时，英国的份额也在逐步提高。当英国的份额超过世界收入的顶点时，英国的上边界线仍将继续上升，但随着世界收入的下降，其上升速度变慢。最终，英国的上边界线在世界的上边界线最高点右边的某个点达到最高，然后开始下降。如图2-3所示，存在这样一些均衡点，即位于实线下方的区域，它的收入水平比封闭状态下无贸易时的收入水平还要低，这些均衡结果都将使一国随时采取行动以退出贸易，回到与世隔绝的状态。这些不利的结果是靠近图2-3左侧的均衡，在这些均衡上，英国从事的生产很少，其情况类似于一个非常落后的农业国。英国的均衡点分布有着以下几层经济含义。首先，在生产率可变的情况下，国家间的自由贸易并不总是自动地使各国受益，存在一些均衡使一国的境况坏于其完全退出贸易时的境况。其次，英国的均衡点分布展示了一国国民收入与其占世界收入份额之间的关系，在英国达到上边界线的最高点之前，国民收入随着它占世界收入份额的增加而增加，一旦超过最高点并继续向右端移动，国民收入便会开始下降。也就是说，在达到某一点之前，一国国民收入会随着更多产业的进入、占世界收入份额的增加而增加，当超过这一点时，从事更多的产业将损害该国的利益，使该国的国民收入减少，生活水平下降。最后，通过对均衡点的分析可知，每个均衡结果都代表着一国产业的数量和规模，这会影响一国的国民收入水平进而影响整个国家的福利状况。一国若只有很少的产业，那么它的国民收入将会非常低；相反也可以有很多的产业，而此时过多的产业可能会使它的财富状况不如产业相对较少时的情况。

法国的均衡点分布（见图2-4）与英国几乎具有一样的经济特征，在此不做过多讨论。更进一步地，我们将二者进行合并以验证国际贸易中存在固有的国家利益冲突。合并后的图形（见图2-5）形成了两山相连的结构，英国带状区域的山顶总是位于法国带状区域山顶的右侧，两条垂线 L_1

和 L_2 穿过两个最高点，由此将均衡点的带状区域划分成三个区域。在左边的区域，两国的上边界线均向右上方倾斜；在中间的区域，英国的上边界线向右上方倾斜，而法国则向右下方倾斜；在右边的区域，两国的上边界线均向右下方倾斜。接下来我们将分析图 2-5 的经济含义。

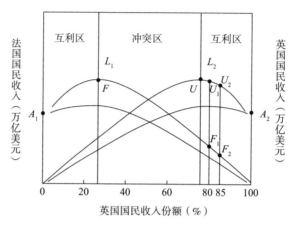

图 2-5 英法两国国民收入的比较

如图 2-5 所示，在均衡点划分的三个带状区域中，左、右两个区域的均衡结果都可以得到进一步改进。两国的国民收入都可以通过均衡点向中心的移动而得到提高。如果相对于英国来说，法国是一个落后国，只占世界收入的 15%，得到一个 F_2 点高度的国民收入。当法国以小规模的形式进入一个新产业，由于生产率可变，法国通过"干中学"获得了英国所从事某种产业的技术，并运用这些技术达到了世界生产率的领先水平，最终代替英国成为这个产业的唯一生产者，此时法国占世界收入的份额上升至 20%，国民收入也从 F_2 上升到 F_1。与此同时，英国由于放弃了被法国赶超的产业，占世界收入的份额从 85% 下降到 80%，但国民收入却从 U_2 上升到 U_1。也就是说，在左、右两端的带状区域内，相对不发达的国家在进入新产业的过程中，通过学习使生产率得到提高，并且凭借较低的工资水平获得竞争优势，超越相对发达国家，使其让渡这些产业，此结果会使两国的产业分布更加均衡，国民收入水平均得到提高，世界收入增加。这与我们讨论单个国家均衡点分布的情形是一样的，那些位于带状区域的最右端和最左端的均衡对于每个国家都不利。在这些点上，一个国家占据了太高比例的产业，从而在一个相对较小的世界"蛋糕"中拥有较大的份额，而另一个国家几乎不从事任何产业的生产,[①] 此时, 摆脱这种状态将使两国都受益。

但是, 在图 2 - 5 两个最高点之间的区域, 两国的利益本质上是对立的, 这个区域被称为冲突区。在冲突区内, 一国收入份额的增加会提高自身国民收入水平而降低其贸易伙伴的国民收入水平。如图 2 - 5 所示, 位于右侧的互利区内, 随着技术水平、生产率的提高, 法国国民收入不断增加, 资本积累和技术进步会促使法国的要素禀赋结构发生改变, 从事更具价值增殖能力的产业。在 F_1 向左端更加发达的状态移动的过程中, 法国进一步取代了英国原先占据的一些产业, 收入份额上升至 30%, 国民收入也随之上升。此时英国国民收入份额虽然与双方的产业分配处在互利区时一样是下降的, 国民收入却与在互利区时呈相反趋势, 随国民收入份额的下降而下降。也就是说, 在冲突区内, 一国由于生产率的提高而进入更多的产业会损害其贸易伙伴的利益, 产生矛盾与冲突, 进而引发贸易摩擦。

生产率的变化使产业间单一均衡的状态被打破, 多重均衡的出现证明了国际贸易中存在固有的国家利益冲突。从现实来看, 一个发达的工业化国家会允许一个非常落后的农业国发展劳动密集型产业, 因为相对于落后国家, 发达国家的劳动力成本高, 在劳动密集型产业中并不具有竞争优势, 因此退出劳动密集型产业将更多的生产要素分配在技术含量高的产业中更符合其利益最大化需求。基于此, 落后国家多占据一个或几个劳动密集型产业, 都不会损害发达国家的利益, 在互利区内的产业分配变化具有帕累托改进效应, 使贸易双方都获利。但是, 当落后国家通过资本和技术积累进入发达国家所从事的产业领域, 并通过技术模仿和技能获取实现了劳动生产率的提高, 开始与发达国家在这些领域展开竞争, 此时, 产业分配变化所导致的落后国家收入份额的增加将使其自身国民收入增加, 而使其贸易伙伴发达国家的国民收入下降, 即一方获利的同时另一方利益受损, 两国利益进入冲突区, 由此产生贸易摩擦。

---

① 王亚飞:《入世后过渡期中美贸易摩擦的原因分析》,《经济界》2005 年第 5 期。

二 国家间经济利益关系的矛盾与冲突——基于产业内贸易的分析

在一国内部，商品的国别价值量是由该国生产商品的社会平均必要劳动时间决定的。但是，当商品超越国家界线进入世界市场上时，其价值就不再是由某一国家生产商品的社会平均必要劳动时间决定，而是由国际社会平均必要劳动时间决定。国际价值量之所以必须由国际社会平均必要劳动时间来决定，是因为在以各个国家作为组成部分的世界市场上，国家不同，劳动的中等强度就不同，生产某种商品所消耗的社会平均必要劳动时间也就不同，有的国家多些，有的国家少些，因此，决定国际价值量的因素不是任何国家生产某种商品的社会平均必要劳动时间，而是国际社会平均必要劳动时间。它指的是在现有的世界平均技术条件下，在各国劳动者的平均劳动强度和劳动熟练程度下，生产某种商品所需耗费的国际社会平均必要劳动时间。一般来说，生产同种产品劳动生产率越高的国家，单位产品所需的社会平均必要劳动时间就越低于国际社会平均必要劳动时间，出售商品时就可以凭借国别价值低于国际价值获得国际超额利润；与此相反，劳动生产率越低的国家由于国别价值高于国际价值，出售商品时则会亏损。

由此可知，劳动生产率是影响产业内各国所获超额利润多少的因素之一。对于生产同一种产品的国家而言，如果一国能够凭借较高的劳动生产率使其生产该商品的国别价值低于国际价值，就能够获得国际超额利润。因此，一国劳动生产率的变化会改变产业内国际超额利润的分配格局，国家间经济利益关系出现矛盾与冲突，进而引发贸易摩擦。从现实来看，任何一个产业，对于一个发达的高工资国家来说，如果其想在高成本的条件下保持竞争优势，那么它的贸易伙伴就只能是一个欠发达国家。因为，相对于欠发达国家来说，发达国家劳动力成本较高，但如果其劳动力成本高于欠发达国家的程度能够被其劳动生产率高于欠发达国家的程度所抵消，那么，发达国家就可以凭借较高的劳动生产率获得在该产业内的竞争优势。但是在劳动生产率可变的情况下，如果欠发达国家在这个产业中通过不断"干中学"获得了劳动生产率的提高，使得生产该种产品的国别劳动时间降低，国别价值减少并低于国际价值，此时，就会与发达国家在产业内展开竞争，与其争夺国际超额利润。更进一步地，当欠发达国家的劳动生产率提高到这一水平，以至于发达国家较高的劳动生产率对国际超额利润获得产生的正效应难以抵消其高工资成本对国际超额利润获得产生的负效应，此时，与欠发达国家相比，发达国家将不具备在这个产业中的竞争优势，难以获得国际超额利润，成为利益受损方。在这种情况下，利益受损的一方很可能运用战略性贸易政策，采取保护主义手段，挑起贸易摩擦。

三 国家间经济利益关系的矛盾与冲突——基于产品内贸易的分析

与产业间、产业内贸易一样，技术进步、劳动生产率的提高也会改变产品内各贸易国之间的利益分配关系，引发国家间经济利益关系的矛盾与冲突。

随着产品价值链逐渐被细分，由产品内分工决定的产品内贸易已经成为国际贸易的主要形式。产品内分工由发达国家的跨国公司主导，由于发达国家劳动力成本较高，且降低劳动力成本通常会遭到公会的强烈反对，所以这些企业为了获得更高利润，会将一种产品的非核心生产环节转移到具有加工、组装能力且劳动力成本较低的国家，通过国际直接投资或离岸外包的形式进行一种产品的全球生产布局，实行垂直一体化生产。这样一来，垄断某种产品核心生产环节的发达国家就成为产品内分工的主导者，控制着垂直分工各生产环节的价格。在产品内分工中，发达国家凭借着对某种产品核心技术环节的垄断，掌握着生产中的技术研发和销售等环节，将技术性差、进入壁垒低、不具垄断性的加工、组装制造环节转移或外包给劳动力成本低廉的落后国家，再从代工企业获得最终产品。发达国家的跨国公司主要通过三种手段获得高额利润。一是减少成本。在众多代工企业中通过议价谈判压低成本价格，使加工、组装环节附加值偏低。二是控制终端产品的销售环节。根据其利润目标加价出售，且垄断性越高所获利润越大。三是发达国家跨国公司所掌握的生产环节进入门槛高、垄断性强、不参与利润率平均化，能够获得国际价值高于国际生产价格的超额利润。

由此可知，在产品内贸易中，最具垄断地位的价值链生产环节能够获得最多的利润，如产品研发、售后服务，这些环节位于如图2-6所示的微笑曲线的最两端，被发达国家的少数企业控制；具有一定垄断地位的价值链生产环节能够获得一定的国际超额利润，位于微笑曲线的底端和两侧之间；不具任何垄断地位的完全竞争环节，则难以获得国际超额利润，位于微笑曲线的最底端。如苹果公司的产品，美国凭借其完全垄断地位，从事产品价值链的研发、设计、销售环节，附加值最高；东亚新兴国家和地区凭借一定的垄断地位，从事产品价值链的部分中间生产环节，附加值较高；中国大陆企业作为跨国公司的代工企业，处于完全竞争的市场环境中，从事产品价值链的加工、组装环节，附加值最低。由此可见，各国企业所获利润的多少是由对生产环节垄断程度的强弱决定的，呈现出"金字塔"式的分布结构。因此，产品价值链各生产环节所获利润的巨大差距会促使从事低端生产环节的外围国家为获得更多利润，改进技术，提高劳动生产率以实现价值链的向上游移动；在此过程中，从事高端生产环节的核心国家会通过技术壁垒等贸易保护主义手段遏制外围国家技术升级，维护其垄断地位。如果外围国家实现了技术进步和价值链地位的提升，开始在垄断环节与核心国家展开竞争，改变了产品内的经济利益分配关系，以致国家间经济利益关系出现矛盾与冲突，此时贸易摩擦将不可避免。

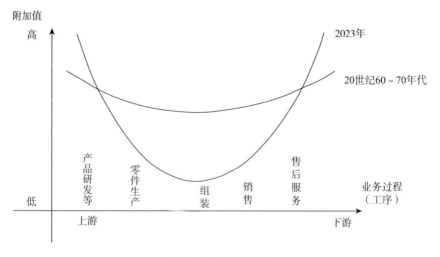

图2-6 微笑曲线

四 技术进步引发国家间经济利益关系矛盾与冲突的一个模型——基于产业内贸易的分析

根据本节第二部分内容的论述，假设两国都生产某种产品，其中一国出现了技术进步，劳动生产率提高，降低了国别价值，使产品在国际市场上更有竞争力，因此出口增加，在总需求不变的情况下，一国出口增加会导致另一国减少该产品的生产并蒙受福利损失，两国之间由此产生贸易摩擦。然而，技术进步究竟要达到何种程度才会引发贸易摩擦，一国技术进步是否会导致另一国福利的永久受损，贸易摩擦是否会一直持续下去，本部分将建立模型对此进行讨论。

1. 建立模型的基本假设

假设 A、B 两国（$i = A$, B）共生产四种产品 X、Y、H、K，价格分别为 P_{iX}、P_{iY}、P_{iH}、P_{iK}，令 $P_{iK} = 1$。劳动是两国唯一需要投入的生产要素，数量为 L_i，工资水平为 W_i，国家 i 生产 X、Y、H、K 所需的劳动数量分别为 L_{iX}、L_{iY}、L_{iH}、L_{iK}，国家 i 生产四种产品的劳动生产率分别为 V_{iX}、V_{iY}、V_{iH}、V_{iK}，i 国居民均消费四种产品，消费者效用函数为 CES 函数，且产品市场和劳动力市场总是出清的。

此时 i 国的消费者效用函数为：

$$U_i = X_i^\alpha Y_i^\beta H_i^\gamma K_i^{1-\alpha-\beta-\gamma} \tag{2-1}$$

消费者效用最大化约束条件为：

$$W_i L_i = P_{iX} X_i + P_{iY} Y_i + P_{iH} H_i + K_i \tag{2-2}$$

由式（2-1）、式（2-2）可建立拉格朗日函数：

$$Z = U_i = X_i^\alpha Y_i^\beta H_i^\gamma K_i^{1-\alpha-\beta-\gamma} + \lambda \left[W_i L_i - (P_{iX} X_i + P_{iY} Y_i + P_{iH} H_i + K_i) \right] \tag{2-3}$$

解得 X_i、Y_i、H_i、K_i 的需求函数分别为：

$$D(X_i) = \frac{\alpha W_i L_i}{P_{iX}}; D(Y_i) = \frac{\beta W_i L_i}{P_{iY}}; D(H_i) = \frac{\gamma W_i L_i}{P_{iH}}; D(K_i) = (1-\alpha-\beta-\gamma) W_i L_i \tag{2-4}$$

i 国生产四种产品的生产函数分别为：

$$S(X_i) = V_{iX} L_{iX}; S(Y_i) = V_{iY} L_{iY}; S(H_i) = V_{iH} L_{iH}; S(K_i) = V_{iK} L_{iK} \tag{2-5}$$

i 国生产 X 产品的利润最大化条件为：

$$\max \Pi = P_{iX} V_{iX} L_{iX} - W_i L_{iX} (L_{iX} \geq 0) \tag{2-6}$$

对式（2-6）建立拉格朗日函数可得到 i 国产品的均衡价格、均衡数量。

2. 建立初始的贸易模型

假设 A 国生产 X、H、K 三种产品，但只出口 X 产品，初始贸易模型为 $A(XHK)$；B 国生产 Y、H、K 三种产品，但只出口 Y 产品，初始贸易模型为 $B(YHK)$，可得：

$$S(Y_A) = 0; L_{AY} = 0; L_{AX} > 0; L_{AH} > 0; L_{AK} > 0 \tag{2-7}$$

$$S(X_B) = 0; L_{BX} = 0; L_{BY} > 0; L_{BH} > 0; L_{BK} > 0 \tag{2-8}$$

由此可得市场出清的贸易均衡条件为：

$$S(X_A) = D(X_A) + D(X_B); S(Y_B) = D(Y_A) + D(Y_B); S(H_A) = D(H_A);$$

$$S(H_B) = D(H_B); S(K_A) = D(K_A); S(K_B) = D(K_B) \tag{2-9}$$

求解利润最大化条件可得：

$$W_A = V_{AK}; W_B = V_{BK}; P_A = \frac{V_{AK}}{V_{AX}}; P_B = \frac{V_{BK}}{V_{BY}}; P_H = \frac{V_{AK}}{V_{AH}} = \frac{V_{BK}}{V_{BH}} \tag{2-10}$$

$$\frac{V_{AY}}{V_{BX}} < \frac{V_{AH}}{V_{BH}} = \frac{V_{AK}}{V_{BK}} < \frac{V_{AX}}{V_{BX}}; \frac{L_B}{L_A} = \frac{\beta}{\alpha} \frac{V_{AK}}{V_{BK}} \tag{2-11}$$

结合式（2-4）可得 i 国的效用水平为：

$$U_A = \Gamma L_A V_{AX}^{\alpha} V_{BY}^{\beta} V_{AH}^{\gamma} V_{AK}^{1-\alpha-\gamma} V_{BK}^{-\beta} \tag{2-12}$$

$$U_B = \Gamma L_B V_{AX}^{\alpha} V_{BY}^{\beta} V_{BH}^{\gamma} V_{BK}^{1-\alpha-\gamma} V_{AK}^{-\beta} \tag{2-13}$$

其中，$\Gamma = \alpha^{\alpha} \beta^{\beta} \gamma^{\gamma} (1-\alpha-\beta-\gamma)^{1-\alpha-\beta-\gamma}$。

3. 建立具有技术进步的贸易模型

若 B 国 H 产品在出现了技术进步后形成了对 A 国的出口，A 国开始进口 H 产品，则 A 国的贸易模式为 $A(XK)_X$，B 国的贸易模式为 $B(YHK)_{YH}$。

由此得出：

$$S(Y_A) = 0; S(H_A) = 0; L_{AY} = 0; L_{AH} = 0; L_{AX} > 0; L_{AK} > 0 \tag{2-14}$$

$$S(X_B) = 0; L_{BX} = 0; L_{BY} > 0; L_{BH} > 0; L_{BK} > 0 \tag{2-15}$$

模型的贸易均衡条件为：

$$S(X_A) = D(X_A) + D(X_B); S(Y_B) = D(Y_A) + D(Y_B); S(H_B) = D(H_A) + D(H_B);$$
$$S(K_A) = D(K_A); S(K_B) = D(K_B) \tag{2-16}$$

通过计算可得 i 国新的效用水平为：

$$U'_A = \Gamma L_A V^\alpha_{AX} V^\beta_{BY} V^\gamma_{BH} V^{1-\alpha}_{AK} V^{-\beta-\gamma}_{BK} \tag{2-17}$$

$$U'_B = \Gamma L_B V^\alpha_{AX} V^\beta_{BY} V^\gamma_{BH} V^{1-\beta-\gamma}_{BK} V^{-\alpha}_{AK} \tag{2-18}$$

4. 技术进步后 i 国效用水平的变化

A 国在 B 国技术进步后的效用水平与技术进步前的效用水平比为：

$$\frac{U'_A}{U_A} = \left(\frac{\beta+\gamma}{\beta}\right)^{-\beta-\gamma} \left(\frac{V'_{BH}}{V_{BH}}\right)^\gamma \tag{2-19}$$

B 国技术进步后的效用水平与技术进步前的效用水平比为：

$$\frac{U'_B}{U_B} = \left(\frac{V'_{BH}}{V_{BH}}\right)^\gamma \left(\frac{V'_{BK}}{V_{BK}}\right)^{1-\beta-\gamma} \tag{2-20}$$

因为有 $\dfrac{V'_{BH}}{V_{BH}} > 1$，所以 B 国技术进步后的效用水平上升，B 国会支持有利于出口的开放型贸易政策。而 A 国的效用水平则需进一步讨论。当 $V'_{BH} > \left(\dfrac{\beta}{\beta+\gamma}\right)^{\frac{\beta+\gamma}{\gamma}} V_{BH}$ 时，$\dfrac{U'_A}{U_A} > 1$，A 国能从 B 国的技术进步中获利，此时双方不易发生贸易摩擦。当 $\dfrac{\beta+\gamma}{\beta} V_{BH} < V'_{BH} < \left(\dfrac{\beta+\gamma}{\beta}\right)^{\frac{\beta+\gamma}{\gamma}} V_{BH}$ 时，$\dfrac{U'_A}{U_A} < 1$，B 国的技术进步使得 A 国的效用水平下降，利益受损，此时容易产生贸易摩擦，可能区间为：$\left[\dfrac{\beta+\gamma}{\beta}, \left(\dfrac{\beta+\gamma}{\beta}\right)^{\frac{\beta+\gamma}{\gamma}}\right]$。

第五节　贸易摩擦中的认知冲突：经济发展模式的国家间差异

在处理政府与市场的关系上，发达国家和发展中国家存在认知上的冲突。发达国家常常以其标榜的自由主义市场经济为标准，指责发展中国家政府对经济的干预行为扰乱了国际经济秩序，损害了发达国家企业的利益，与市场经济倡导的"自由竞争"原则相违背。这种认知冲突经常会转化为国际贸易摩擦。

事实上，在处理政府与市场的关系上，一般存在三个观察维度。一是政府和市场在市场经济中所发挥的作用。一方面，市场机制在生产调节、资源配置、有序竞争中发挥作用是有前提条件的，需要政府给予支持，包括制定法律法规、实行宏观调控等。另一方面，市场机制本身存在自发性、盲目性、滞后性及局部失灵的弊端，需要发挥政府"有形之手"的作用弥补市场机制的缺陷。从西方经济学的发展历史来看，亚当·斯密的经济自由主义是资本主义国家经济运行的基本准则，后来的新古典经济学更是将其继承并发扬，认为市场是万能的，没有政府干预的自由市场经济是最好的经济制度。这一制度在抵制重商主义的政府干预、促进竞争、提高资源配置效率等方面确实发挥了重要作用。但是，随着资本主义的深入发展，资本逐利性的本质使市场经济自发性、盲目性、滞后性的缺陷逐渐显现，社会矛盾日渐累积，单纯运用市场机制已经不能解决这些问题。特别是当1929～1933年资本主义经济危机发生之时，传统经济理论所认为的市场自动调节机制并没有发挥作用，这催生了人们对传统经济理论的怀疑，经济自动调整的特性开始受到广泛批评，在此背景下，凯恩斯主义应运而生，主张采取强有力的政府干预应对经济危机，即政府应运用"看得见的手"弥补和克服市场失灵所带来的缺陷。20世纪30年代以后，这种出于弥补市场失灵和市场缺陷的政府干预手段在许多情况下发挥了重要作用，如20世纪70年代的石油危机、2008年的金融危机以及后来的欧债危机，政府无不充当挽救经济颓势的有力抓手。二是国情和发展阶段。现实中的市场存在于具体的经济社会中，受不同国家政治、经济、文化等因素的影响。由于生产力发展落后、区域发展不平衡、二元结构长期存在，发展中国家面临着实现国家工业化和现代化的重要任务，亟须从本国现实国情出发，发挥政府对经济的引导和调节作用，推动经济可持续发展。其中最主要的就是李斯特的"幼稚产业保护论"，这一理论是建立在"李斯特政府干预主义"的基础之上，主张国家应该而且必须对落后的工业力量进行保护，否则落后的工业就不会实现发展，只能作为先进国家的附属品。从经济发展阶段来看，各国经济发展水平不同，所处阶段也不同，自由贸易并不适用于每个经济发展阶段。例如，在农业发展阶段的国家由于发展程度低、国际竞争力弱，应采用保护主义的贸易政策以应对来自工商业发展阶段国家的竞争。同样，在应对产业发展的过程中，为避免传统强国的竞争，新兴国家政府应对本国的初始产业、处于劣势的产业给予适当的保护扶持政策，如关税保护，目的是培养自身比较优势、提高产业竞争力，进而参与国际竞争。"幼稚产业保护论"一经提出就受到广泛关注，成为各国尤其是发展中国家广泛采用贸易保护政策以提升工业化水平、促进经济增长的主要理论依据。三是社会基本经济制度的差异。基本经济制度是生产资料的所有制形式和结构，是决定一国政府和市场关系的最主要因素。不同性质的国家，其生产资料的所有制形式不同，如资本主义国家实行的是以私有制为主体的所有制结构。与资本主义国家不同，我国作为社会主义国家，实行的是以公有制为主体的所有制结构，政府发挥作用的主要依据不是所谓的市场失灵或缺陷，而是生产资料的公有制以及在此基础上产生的有计划按比例发展规律。无论是否存在所谓的市场失灵或缺陷，国家作为生产资料公共所有权和社会公共利益的总代表，都需要并且能够在社会范围内按照社会的需要有计划地调节社会再生产过程，合理地配置社会资源，以实现社会主义的生产目的，推动经济发展。

由于存在以上三个观察维度，不同国家在面对政府与市场关系的问题上存在认知偏差。例如，在社会主义公有制经济和资本主义私有制经济中，政府发挥的作用是不同的，在以私有制为基础的资本主义经济中，政府的作用会受到根本局限；而在以公有制为基础的社会主义经济中，政府对经济的调控是生产关系的内在要求。政府与市场关系的认知偏差导致政府对市场干预较少的国家指责政府对市场干预较多的国家，反对和指责会反映在对外贸易领域，由此产生贸易摩擦。再如，发达国家会对本国成熟产业实行自由开放的贸易政策，因此也希望发展中国家对此类产业采取同样的政策以便其自由进入发展中国家市场。然而，由于各国经济发展所处阶段不同，发达国家和发展中国家各类产业发展的成熟度也不尽相同。发达国家相对成熟的产业在发展中国家可能尚未成熟或刚刚起步，需要政府给予保护和扶持。此时，发展中国家采取相应的贸易保护主义政策就会使发达国家向发展中国家的出口遭遇瓶颈，国际贸易受阻，引发贸易摩擦。

第六节　贸易失衡引发贸易摩擦的表象与本质

贸易失衡即贸易不平衡，通常是由于一国出现贸易逆差而向其主要顺差国挑起贸易摩擦。由贸易逆差引发的贸易摩擦包括逆差等于亏损和逆差不等于亏损两种情况。一国因贸易逆差导致本国利益受损而向其顺差国挑起贸易摩擦的现象比较容易理解，所以本书主要研究贸易逆差并非亏损的情况，也就是一国相对于另一国虽然表现为进口额大于出口额，但与顺差国相比，逆差国虽为贸易赤字，但在与顺差国的贸易中获得了大部分国际超额利润，而贸易摩擦却是由利润获得者以贸易逆差为由挑起的。这种情况通常（并非全部）发生在发达国家与发展中国家之间，前者相较于后者虽为贸易逆差国，却是国际超额利润的主要获得者，其挑起贸易摩擦的现象需从以下几方面进行深入剖析。

第一，为什么会产生贸易失衡？这需要从产业跨国转移和国际直接投资的视角进行解释。在自由贸易条件下，国家间劳动生产率和生产成本的差异是影响产业跨国转移的核心因素。根据马克思国际价值理论，生产某种产品的劳动生产率的高低是该国产品在世界市场上是否具有竞争力及能否获得国际超额利润的重要原因。因此，为了获得国际超额利润，各国都会选择发展本国劳动生产率高于国际平均水平的产业，放弃国别价值高于国际价值的产业。总体来说，发达国家企业的劳动生产率一般高于国际平均劳动生产率，而发展中国家企业的劳动生产率往往低于国际平均劳动生产率，那么发达国家会因此从事所有产业吗？答案并非如此，这是因为影响产业结构转移的因素除劳动生产率外还包括生产成本。相比发达国家，发展中国家由于经济发展水平低，劳动生产率低，由工资水平决定的劳动力价值也比较低。发达国家技术水平和劳动生产率高，对于劳动密集型产业和生产环节来说，虽与一国劳动生产率有一定的相关性，但受其影响并不大，特别是在当今社会，发达国家与发展中国家劳动生产率差异并不体现在这些领域，而是更多地体现在技术含量高的产业和生产环节上。也就是说，虽然发达国家劳动生产率较高，但国民工资水平即劳动力成本也较高，如果发达国家较高的劳动生产率对国际超额利润获得产生的正效应难以抵消其高工资成本对国际超额利润获得产生的负效应，那么，与发展中国家相比，发达国家的劳动密集型产品仍然不具有竞争力。因此，为了获得更多的国际超额利润，避免本国劳动力成本过高的劣势，发达国家会主动放弃从事劳动密集型产业和其他产业中的劳动密集型生产环节，而选择发展高端制造业和高附加值生产环节，实际上，发达国家进行产业和生产环节转移的过程也是其实体经济逐渐"空心化"的过程，导致与发展中国家的贸易失衡。一方面，作为产业转移国，一些发达国家早已将劳动密集型产业转移出去，因此，为满足国内居民对低端制造业产品的需求，只能从中国等发展中国家进口，由此产生巨额的货物贸易逆差。另一方面，发达国家本可以凭借其在高技术领域的比较优势向发展中国家出口高端技术产品，以弥补其在货物贸易领域的逆差，但是，为了遏制发展中国家尤其是发展中大国的发展，发达国家往往在高科技领域实行严格的出口管制，设置技术壁垒，比较优势难以充分发挥，因此加剧了其贸易失衡现象。从国际直接投资视角来看，由于资本的逐利性，发达国家积累的丰厚资本急于冲破国界限制到资本贫乏的市场上寻求利润，而发展中国家资本贫乏，土地、自然资源及劳动力要素丰富且成本低廉。所以，出于对降低生产成本的考量，在资本本质的作用下，发达国家会把本国剩余资本输出到发展中国家，进行直接投资。发达国家对发展中国家的直接投资主要通过跨国公司进行。一方面，跨国公司把一些产品的劳动密集型生产环节转移到发展中国家子公司进行生产，在子公司加工、组装成最终产品后销往本国，就产品生产的归属地来说这些产品应属发达国家企业自己生产的，但按照现行的贸易统计标准却将这部分出口全部记入最终产品出口国的账中，增加了发展中国家的出口额。另一方面，跨国公司的子公司主要从事加工、组装生产环节，因此，在子公司的生产过程中，产品的一些核心部件会从发达国家的母公司输入发展中国家的子公司，而发达国家却没有将这一部分算作对发展中国家的出口。以上因素叠加在一起，共同加剧了贸易失衡现象。

第二，贸易失衡哪方获利？在发达国家和发展中国家贸易失衡现象的背后，真实的利益分配情况如何？是否如发达国家所述，贸易逆差导致其利益受损，需进一步剖析。20世纪90年代以来，随着水平型分工的发展，产品内分工逐渐成为国际分工的主要形式，生产工序的全球化配置促进了全球价值链的形成。在国际价值规律的作用下，为了最大限度地获得国际超额利润，发达国家往往在保留核心技术的前提下，根据不同国家的经济发展水平进行生产环节的跨国转移，例如将本国已经常规化的生产环节转移至新兴工业化国家，将低端的加工、组装等生产环节转移至劳动力成本较低的发展中国家，从而形成了产业链方面的"金字塔"式结构，利润方面的"倒金字塔"式结构。可以看出，当今国际产业结构转移是在发达国家的主导下进行的，转移的原因主要是该产业在发达国家已经丧失了比较优势，难以获得更多的国际超额利润，将这些产业和生产环节转移出去是为了节约成本、集中优势资源从事更高国际价值的生产，从而充分享受由高附加值生产环节带来的丰厚利润，同时从发展中国家进口廉价产品以满足国内需求，实现利益最大化。相反，发展中国家在这一国际分工中得到的只是一点微薄的加工费，并且面临着长期被发达国家低端锁定的风险。所以，无论是在产业操纵权方面还是在利益流向方面发达国家都占据着绝对优势地位，发展中国家则基本处在发达国家的控制之下。因此，在看待双方贸易失衡的问题上，不应仅看巨额的贸易顺差，顺差并不等于利润，贸易差额只是两国进出口数量上的反映，与两国贸易背后获得的真实利润没有根本联系，考察贸易利得应该以两国实际获得的利润为依据。在当前全球价值链分工模式下，产业价值链上各环节的价值增殖能力及相应获取的收益差异是巨大的，具备市场权力和垄断地位的生产环节能够躲避"完全竞争下的价格竞争"，获得超额利润，这些环节通常需要投入较高的技术要素，具有较高的知识含量，如研发、设计、服务等高附加值环节，主要被发达国家控制；而发展中国家主要负责加工、组装等低附加值的劳动密集型生产环节，这些环节垄断性弱、技术含量低，往往不具备市场权力，只能处于产业价值链"完全竞争下的价格竞争"中，难以获得国际超额利润。

这表明，贸易失衡与贸易利益流向并不同向。比如，生产一个美国品牌的芭比娃娃，美国主要承担的是高附加值的"软生产环节"，中国则主要承担低附加值的"硬生产环节"，其中95%的收益由美国公司获得，中国的代工企业只能获得5%的加工费，创造的价值量不到美国的1/9。因此，中国出口芭比娃娃的数量越多，对美国的贸易顺差越大，美国跨国公司获得的国际超额利润就越丰厚，中国所付的代价就越大，这里的代价不仅包括经济利益相对受损，还包括资源的浪费以及环境的污染等。由此可见，贸易顺差并不等于实际利润所得，虽然与美国相比中国为顺差国，但获得的利润却很少，相反，作为逆差国的美国却从中美贸易中获得了巨额的国际超额利润。

第三，为什么获利一方挑起贸易摩擦？通过以上分析可知，在某些情况下，发达国家以贸易逆差为由向发展中国家挑起贸易摩擦是不符合经济学逻辑的，贸易逆差只是其挑起贸易摩擦的借口，背后存在意识形态、国内阶级矛盾、霸权衰落等多方面因素。以国内阶级矛盾为例，在经济全球化中，发达国家虽获利颇丰，但国内利益分配却存在严重的不平等。一方面，发达国家向发展中国家转移产业的过程中减少了本国的就业岗位，来自发展中国家廉价劳动力供给的冲击加剧了发达国家低技能工人的失业现象，失业人数上升。另一方面，在金融垄断资本主义时代，股票、债券等金融衍生品的快速吸金及致富效应使大量资本流入跨国公司和金融部门，大资本家和金融财阀等群体从经济全球化中获得了巨额财富，致使劳动报酬占 GDP 的比重持续下跌。失业的上升和收入水平的相对下降使得发达国家的中下阶层群体日益认识到经济全球化带来的经济增长成果并未得到均衡分配。相较于资本所有者的收益大幅增加，处于中下阶层的大部分群体的收益却相对减少，财富分配不均激化了阶级矛盾，损失惨重且未得到补偿的利益受损者便通过公民投票选举等行动影响贸易政策，成为推动逆全球化、兴起贸易摩擦的微观因素。尤其在经济下行时期，一系列社会矛盾集中爆发，此时，通过挑起贸易摩擦来转嫁国家内部矛盾就作为发达国家"正当防卫"的手段开始大行其道。另外，发达国家相较于发展中国家虽为国际超额利润的主要获得者，但发展中国家随着经济实力的日渐壮大，逐渐成为世界经济体中的重要部分，其中最明显的例子就是东亚各国国际地位的演变以及中国的发展，世界体系结构的动态演变使得发达国家在世界体系中的核心地位日渐不稳。因此，当霸权衰落之时，发达国家为维护世界霸权地位和剥削统治地位，操纵世界市场的不平等秩序，抑制新兴经济体的崛起，就会采取贸易保护主义政策，挑起贸易摩擦。

通过以上分析可知，由贸易失衡引发的贸易摩擦问题需透过现象研究其本质。贸易逆差国相对于顺差国并不一定是利益受损的一方，即逆差不等于亏损，顺差也并非等于获利。贸易差额只是两国进出口数量的反映，与两国贸易背后获得的真实利润没有根本联系，考察贸易利得应该以两国实际获得的利润为依据。当贸易逆差国以贸易失衡为由向顺差国挑起贸易摩擦时，首先要分析其真实的利润流向以便认清贸易摩擦产生的深层次原因。

| 第三章 |

贸易摩擦成因的分类考察

不同国家间发生的贸易摩擦按照国家类别可分为发达国家与发展中国家间的贸易摩擦、发达国家间的贸易摩擦以及发展中国家间的贸易摩擦等，国家不同，贸易摩擦的生成因素也会有所不同。但从根本上说，还是源于国家间经济利益关系的矛盾与冲突，这是贸易摩擦产生的一般规律性因素。本章对贸易摩擦成因进行分类考察，包括发达国家与发展中国家间贸易摩擦成因分析、发达国家间贸易摩擦成因分析、发展中国家间贸易摩擦成因分析。从不同国家间贸易摩擦的经验事实和案例分析中可以看到，国家间不同类别的贸易摩擦问题都可以在政治经济学分析框架下得到很好的解释和说明。

第一节　发达国家与发展中国家间
贸易摩擦成因分析

由于经济发展水平的差距，发达国家与发展中国家之间的贸易大多属于互补性，竞争性较弱，按照传统贸易理论的比较优势原理，双方通过专业化分工集中优势生产各自具有比较优势的产品，能够实现互利共赢，不会产生贸易摩擦。但是，在技术水平、劳动生产率可变的现代工业社会中，传统贸易模式的单一均衡状态被打破，多重均衡的出现使得国际贸易中存在固有的国家利益冲突，加之国际大环境背景下的生产过剩、国家间经济发展模式的差异、国内经济利益关系的矛盾需要寻求途径得以化解等因素，使得发达国家与发展中国家之间的贸易摩擦具备了现实的可能性。具体而言，发达国家与发展中国家之间的贸易摩擦包括发达国家对发展中国家的贸易摩擦以及发展中国家对发达国家的贸易摩擦，二者挑起贸易摩擦的原因不同，需要在政治经济学分析框架下进行具体的实证分析。

一　发展中国家对发达国家挑起贸易摩擦的成因解析

与发达国家相比，发展中国家的经济发展程度和劳动生产率都比较低，因此，无论是按照国际价值规律与发达国家在国际市场上进行的等价交换，还是面对发达国家在世界市场上的垄断地位，与其进行的不等价交换，对于发展中国家来讲，它们都是实质上的被剥削者，利益的相对受损者，而利益分配不均也成为发展中国家对发达国家挑起贸易摩擦的重要因素之一。虽然发展中国家在与发达国家的贸易中能够获得比它自己所能生产的更便宜的商品，但是在出口中，其所付出的实物形式的对象化劳动要多于它所得到的，也就是在国际贸易的出口方面，发展中国家相对于发达国家而言是利益受损者，处于被剥削地位。另外，对于高科技产业，发达国家以其在高科技领域的垄断优势对发展中国家进行剥削，而发展中国家自身的高科技产业尚处于幼稚的起步阶段，需要给予一定程度的保护，这种由产业发展阶段不同所导致的利益分配不均状况也会引起发展中国家对发达国家的贸易摩擦。下面将从三个方面进行具体分析。

一是发达国家在价值生产领域对发展中国家的剥削导致发展中国家在出口贸易中利益相对受损而引发的贸易摩擦。根据马克思国际价值理论，国际市场上的商品交换要以商品的国际价值为基础实行等价交换。等价交换过程中的国际超额利润来源于劳动生产率较低的同类企业所创造的价值向劳动生产率较高的同类企业的转移。也就是说，它是世界市场上所有高于国际平均劳动生产率的企业对低于国际平均劳动生产率的同类企业的一种剥削。一般情况下，发达国家技术水平高，企业的劳动生产率高于国际平均劳动生产率，而发展中国家技术落后，劳动生产率低于国际平均劳动生产率。因此，从总体上看，国际市场上商品的等价交换是发达国家对发展中国家的剥削，这种剥削发生在价值的生产领域，是一种间接剥削。下面举例说明国际超额利润在价值生产领域的转移过程。假设有两种商品酱油和拖鞋，酱油由三个国家（德国、俄罗斯、缅甸）生产，德国 1 小时生产 6 瓶，俄罗斯 2 小时生产 6 瓶，缅甸 3 小时生产 6 瓶，劳动生产率居中的俄罗斯国别价值与国际价值相等，所以 6 瓶酱油的国际价值为 2 小时。

另有美国、韩国、越南三个国家生产拖鞋，美国 1 小时生产 3 双，韩国 2 小时生产 3 双，越南 3 小时生产 3 双，因此 3 双拖鞋的国际价值与劳动生产率居中的韩国相等，为 2 小时。如果俄罗斯用 6 瓶酱油同韩国的 3 双拖鞋相交换，由于双方生产商品的国别价值等同于各自商品的国际价值，且都为 2 小时，所以它们之间的交换既不会发生劳动的转移也不会发生个别价值的转移，为完全意义上的等价交换，不存在任何一方利益受损。但是，如果德国用 6 瓶酱油同韩国的 3 双拖鞋相交换就会产生不一样的情形。虽然德国生产 6 瓶酱油的国别价值是 1 小时，但是在国际市场上，仍然要按照 6 瓶酱油 2 小时的国际价值去交换，因此德国与韩国之间的交换仍为等价交换。在交换的过程中，虽然两国的国际价值相等，但国别价值却不同。德国生产 6 瓶酱油的国别价值是 1 小时，而韩国生产 3 双拖鞋的国别价值是 2 小时，因此，德国按照 2 小时的国际价值在与韩国进行商品交换时获得了 1 小时的国际超额利润，那么这个利润是在商品交换的过程中产生的吗？是由韩国企业转移至德国的吗？显然不是。德国所获得的这一国际超额利润是产业内的国别劳动在劳动生产率不同国家之间的转移，也就是劳动生产率较低企业的国别劳动向劳动生产率较高企业的转移，在本例中，德国所获得的国际超额利润来自缅甸而非韩国。同样，如果美国用生产的 3 双拖鞋与缅甸生产的 6 瓶酱油相交换，按照国际价值规律的等价交换原则，双方的国际价值都为 2 小时，但国别价值则存在很大差别，美国生产 3 双拖鞋的国别价值是 1 小时，而缅甸生产 6 瓶酱油的国别价值是 3 小时，因此，在按照 2 小时国际价值进行交换的过程中，美国获得了 1 小时的国际超额利润，这一国际超额利润并不是来自与其进行贸易的缅甸，而是来自本部门劳动生产率较低的越南，即跨部门商品的交换并不存在价值的转移，这种转移早在本部门商品国际价值形成的过程中就已经发生了。可见，在国际市场上，按照国际价值规律进行的等价交换，其国际超额利润来自产业内劳动生产率较低国家向劳动生产率较高国家的转移。一般来说，发展中国家的劳动生产率普遍较低，因此，国际超额利润在总体上表现为发展中国家的国别价值向发达国家的转移，是发达国家对发展中国家的剥削。所以，在国际贸易的出口方面，发展中国家普遍面临利益相对亏损的状况，对此，发展中国家可能会采取出口补贴或倾销的方式提高出口产品的竞争力，挑起与发达国家的贸易摩擦。

二是发达国家在高科技产业的价值流通领域，长期以垄断价格对发展中国家进行剥削导致发展中国家利益受损而引发的贸易摩擦。根据马克思的生产价格理论，生产价格等于生产成本加平均利润，同样可以得出，国际生产价格等于国际生产成本加国际平均利润。国际平均利润的形成需要具备一定的条件，即国际市场的自由竞争和各种生产要素的自由流动。

但是，现实中，生产要素在国际市场上的自由流动会遇到各种限制，影响国际生产价格的形成。例如发达国家会阻碍发展中国家的资本进入其具有垄断性质的领域，致使该产品的平均利润无法形成，产品仍然要按照生产成本加垄断利润即国际价值出售。如高科技产业和技术密集型生产环节，它们大多被发达国家所垄断，因此发达国家可以凭借销售市场的卖方垄断地位，在价值流通领域以国际价值高于国际生产价格的垄断价格对发展中国家进行剥削，以获取巨额利润，这就使得发展中国家因利益受损挑起与发达国家的贸易摩擦。

三是全球经济治理中国家利益的冲突导致发展中国家对发达国家挑起贸易摩擦。一方面，当今的全球经济治理虽然从西方国家的单一治理逐渐转向全球多元治理，特别是G20平台使治理的民主性不断提高。但由于经济实力的差距，全球经济治理的行动主体在很大程度上仍被美国等西方传统强国所控制，全球经济治理的规定和准则也大多由它们确立，因此，全球经济治理必然会更多地体现发达国家的利益。由于每个主权国家的经济问题和经济情况都不尽相同，对于经济发展都有自身的利益诉求，且利益诉求往往是冲突的，如果发达国家在行使全球经济治理主导权的过程中为实现本国利益的最大化而采取损他利己的对外经济政策，就会遭到发展中国家的反对，如果发展中国家认为自身利益受损，就会挑起与发达国家的贸易摩擦。如多哈会谈长期进展迟缓的一个重要原因就是发达国家为满足自身利益需要而在农产品问题上提出了严重不对等条件，既要求坚持对农产品的补贴，限制发展中国家农产品进入本国市场，又要求发展中国家开放其国内市场，保护知识产权，这种不平等的谈判条件极大地引起了发展中国家的不满。另一方面，随着全球经济一体化程度的提高，当今的全球经济治理越来越强调跨国性和全球性，这使得政府的作用和国家的主权日益削弱，民族、国家、疆域的概念日益模糊，这一点也在客观上为西方发达国家执行强权政治和霸权行径提供了借口，而这种做法必然会损害发展中国家的利益，引发贸易摩擦。

二 发达国家对发展中国家挑起贸易摩擦的成因解析

一般情况下，贸易摩擦是由利益受损方向获利方挑起的。但是，很显然，与发展中国家相比，发达国家的经济发展程度和劳动生产率都比较高，因此，无论是按照国际价值规律与发展中国家在国际市场上进行的等价交换，还是凭借其在市场上各种垄断地位与发展中国家进行的不等价交换，对于发达国家而言，它们都是实质上的利益获得者。那么，为什么获利一方反而挑起贸易摩擦？这就需要在政治经济学分析框架下进行理解和分析，主要包括如下几方面因素。

一是贸易失衡引发的贸易摩擦。与发达国家相比，发展中国家劳动力等资源要素成本低，为了获得更高的国际超额利润，发达国家早已完成了劳动密集型产业和价值链生产环节向发展中国家的梯次转移，自己则主要从事资本、技术密集型产业和高附加值价值链环节的生产，由此形成了发达国家制造业"空心化"的现象。面对这种情况，发达国家只能通过进口满足本国居民的生产、生活需要，导致其在货物贸易方面出现了与发展中国家的贸易逆差。根据比较优势原则，发达国家本可以通过向发展中国家出口其具有比较优势的高科技产品来减少贸易逆差，但是为了维持其在高科技领域的垄断地位，发达国家往往设置严格的出口壁垒，导致逆差无法扭转。面对这种情况，发达国家经常以贸易逆差为由向发展中国家挑起贸易摩擦。

二是经济发展模式的差异。由于各个主权国家面对的经济情况和经济问题不同，因此经济发展模式也存在差异，具体表现为在处理政府与市场关系的问题上存在认知冲突。发达资本主义国家常常以其标榜的自由主义经济制度为标准，指责发展中国家政府对经济存在过度干预的现象，这种现象极大地扰乱了国际经济秩序，导致发达国家企业遭受不公平待遇，经济利益严重受损，并认为发展中国家是典型的"李斯特政府干预主义"，与发达资本主义国家倡导的经济自由主义相违背，以此不断挑起与发展中国家的贸易摩擦。如发达国家会对本国成熟产业实行自由开放的贸易政策，因此也希望发展中国家对此类产业采取同样的政策以便其自由进入发展中国家市场。但发达国家相对成熟的产业在发展中国家可能尚未成熟或刚刚处于起步阶段，因此，发展中国家政府通常会对本国幼稚或初始产业给予保护和扶持，如增加进口关税、提供出口补贴等，使发达国家向发展中国家的出口遭遇瓶颈，利益受损。此时，发达国家就会以发展中国家政府对经济的过度干预、扰乱市场秩序为由，向发展中国家挑起贸易摩擦，其中以"双反"调查最为普遍。

三是发达国家国内经济利益关系矛盾与冲突的外部转移。一方面，随着资本有机构成的不断提高，发达国家中下阶层正遭遇剥削力度加大的困境。首先，资本有机构成的提高使工人随机器的发展而被排斥，低技能工人面临失业，劳动力市场供求失衡增强了资本家压低工人工资的话语权，劳动者工资收入下降，工作时间被延长。其次，资本有机构成的提高还降低了利润率，为了弥补利润率下降的损失，资本家会延长工作时间，增加剩余劳动时间，加大对工人的剥削，使得中下阶层的生活状况越发糟糕。另一方面，新自由主义全球化使得资本在全球范围内不断扩张，大资本家、银行家和垄断财团从经济全球化中获得了巨额利润，与此相反，普通民众的利益却逐渐被吞噬。为降低生产成本，发达国家将本国的劳动密集型产业和生产环节不断转移至发展中国家以充分利用其丰富且廉价的劳动力资源，这样一来，来自发展中国家的劳动力供给对发达国家的工人，尤其是低技能工人造成了剧烈冲击，失业人数上升。面对内部贫富差距不断扩大的境况，发达国家的政府并没有对利益受损群体做出应有的补偿，结果导致赢家与输家的矛盾越发难以调和，尤其是在经济下行时期，利益受损群体在克服了"选择性激励"后开始作为一个集体进行反抗，而此时，政府为转移国内视线，缓和阶级矛盾，往往把问题归咎于经济全球化，让本国劳动者认为是发展中国家抢走了他们的饭碗，因此会采取与自由主义经济制度相反的贸易保护主义政策，向发展中国家挑起贸易摩擦。

四是遏制新兴经济体的发展，维护发达国家在世界体系中的绝对优势地位。罗德里克曾言："一个国家在世界经济中的地位，贸易政策和它的社会、政治斗争的关系决定了自由贸易是促进国家进步还是让国家退步。"[①] 也就是说，全球化的发展趋势是由处于全球化等级结构体系顶端的少数几个发达国家尤其是霸权国家决定的。当决定全球化发展方向的发达

---

① 〔美〕丹尼·罗德里克：《全球化的悖论》，廖丽华译，中国人民大学出版社，2011，第25页。

国家在自由贸易中不仅能够获得绝对收益，而且还能够获得比其他国家更多的相对收益时，自由的经济秩序才能够得到实现，贸易摩擦数量相对较少。但是，当后起新兴国家的实力越来越接近或赶超发达国家的时候，它们便会采取贸易保护主义手段，如科技战、金融战、贸易战等打压竞争对手，摧毁原有的国际经济秩序，以谋取更多的相对利益，维护自身的绝对优势地位，遏制新兴国家的发展。

三　案例分析：美墨卡车跨境运输争端案[①]

由于美国和墨西哥陆地接壤，因此公路运输成为双方最主要的货物运输方式。但是，美国对墨西哥卡车运输业的政府管制却没有放松，且一直相较加拿大区别对待。1982 年，美国国会出台了《公共汽车管理改革法案》（The Bus Regulation Reform Act of 1982），规定两年内停止向外国运输车辆签发在美国境内的运输通行许可证，但总统有撤销该禁令的权力。因此，在该法案出台之时，美国总统里根便使用该权力，对与美国产业和安全标准极为相近的加拿大卡车运输商采取国民待遇和最惠国待遇原则，豁免了对加拿大的卡车运输禁令，但该禁令依然适用于墨西哥。虽然该禁令的有效期为两年，但对墨西哥的禁令却一直延期至 1995 年。20 世纪 90 年代初，在美国的推动下，美墨加就卡车跨境运输服务业的自由化实施在 NAFTA 的谈判中专门做出了安排。根据规定，美墨之间的卡车跨境运输自由化将分两阶段实施。第一阶段自 1995 年 12 月 18 日起，双方的边境州向对方卡车开放；第二阶段自 2000 年 1 月 1 日起，双方允许对方卡车在本国全境行驶。但令人遗憾的是，1995 年 12 月 17 日，美国单方面宣布，不会取消对墨西哥的卡车运输禁令，原因是墨西哥的卡车安全不符合美国标准，导致双方之前达成的卡车跨境运输自由化规定没有按时兑现，争端由此产生。在美国宣布不会取消对墨西哥的卡车运输禁令后，墨西哥先后多次与美国展开磋商，但均未取得实质性进展。1998 年 8 月，墨西哥决定依据 NAFTA 第 20 章规定将美国的做法诉诸 NAFTA 争端解决机制。2001 年 2 月 6 日，NAFTA 争端解决机制做出了最终裁决，指出：美国全面禁止墨

---

① Edson, A. G., "Road Block: The U. S. – Mexicoan Trucking Dispute," *Law and Business Review of the Americas* 2 (2010)：26.

西哥卡车运输商的跨境运输申请违背了 NAFTA 的条约义务，建议美国采取适当措施履行义务。然而 NAFTA 争端解决机制的建议是没有任何强制约束力的，美国在争端的最终裁决做出后，也并未履行裁决建议。此后，双方继续对卡车运输问题进行磋商，在 2007 年尝试性地启动了试点项目：允许不超过 100 辆来自墨西哥的卡车进入边境城市的商业区域进行运输和卸货。但好景不长，试点两年后就被美国以危害本国高速公路安全为由予以取消。在多次磋商失败的情况下，墨西哥政府决定对美国采取征收总额为 24 亿美元的报复性关税。在墨西哥关税制裁措施的强大压力下，美国同意在互惠的基础上逐步推进双方卡车跨境运输服务的自由化，并于 2011 年 7 月 6 日达成了《谅解备忘录》。

在美墨 10 多年的卡车跨境运输贸易争端中，美国拒绝豁免对墨西哥的卡车运输禁令是争端的核心。美国多次以墨西哥的卡车运输产业规范与美国的标准存在差异会危害美国公路安全为由拒绝取消对墨西哥卡车在美国境内运输行驶的限制。虽然美墨两国的卡车运输标准确实存在差异，但这种差异在 NAFTA 签订时就已经存在，显然不能成为美国拒绝履约的理由，且美国给予加拿大卡车运输商国民待遇和最惠国待遇的做法对墨西哥构成了变相歧视。那么美国坚决执行对墨西哥卡车运输禁令的真正原因是什么？这就要从经济利益关系的角度着手分析。卡车运输业并非技术含量高的产业，不存在垄断性，各国劳动生产率水平也没有明显差别，因此该行业所获利润的多少基本是由运输成本决定的。墨西哥属于发展中国家，劳动力成本低，卡车司机的工资水平低于美国，运输成本低于美国。如果允许墨西哥的卡车在美国境内自由行驶，就会导致美国国内的卡车运输业因受到墨西哥的低价竞争而利益受损，美国卡车运输司机面临失业风险，经济利益受到损害。因此，以国际卡车司机协会（IBT）为首的利益集团会联合一些关注高速公路安全和环保问题的非政府组织对政府进行政治游说，向政府施压，以寻求对美国卡车运输业的保护。美国政府在对利益集团与墨西哥可能做出的反应之间进行权衡博弈后，选择维护本国产业利益集团的利益，维持卡车运输禁令。但是，令美国没有想到的是，墨西哥会对其实施关税制裁，这也使得美国国内的经济利益关系出现了新的变化，受墨西哥关税制裁的产业出口遭遇困境，利益受损使这些产业联合起来对美国政府和国会进行游说，最终促使国内贸易政策取向出现扭转，从而推动了 2011 年和解方案的形成。在本案例中，美国国内利益集团、美国政府、墨西哥政府三者之间的博弈决定了贸易政策的方向，国家间经济利益的冲突以及美国在全球经济治理中惯用的霸权行径引发了美墨贸易争端。为保护本国产业免受竞争，美国凭借其在全球经济治理中的核心地位，对墨西哥采取区别于加拿大的歧视性贸易政策，是发达国家对发展中国家执行强权政治和霸权行径的体现，遭受发达国家的不平等待遇，墨西哥不得不对美国实施关税制裁。

第二节　发达国家间贸易摩擦成因分析

一　发达国家间贸易摩擦的成因解析

发达国家间贸易摩擦的本质与一般贸易摩擦相同，是国家间经济利益关系矛盾与冲突的产物。这种冲突既体现为因贸易失衡而带来的经济利益上的分配不均，也体现为因产业结构相似而产生的同质竞争（发达国家因经济发展水平比较接近，所以在出口产品中存在激烈竞争）；除了在经济领域的利益冲突外，发达国家在全球治理问题上的分歧也会产生贸易摩擦。下面将从四个方面进行具体分析。

一是发达国家相似的产业结构使得贸易的竞争性大于互补性，经济利益常常陷入冲突区而产生贸易摩擦。根据戈莫里和鲍莫尔的生产力变化理论，发达国家与其他国家的贸易存在一个互利区间。若发达国家的贸易国生产率水平很低，如落后的农业国，只能从事少数几个产业，此时互补性的贸易会使两国都获利。但如果落后国家通过多年的"干中学"获得了生产力水平的提高，可以从事更多产业，产业结构逐渐与发达国家相似，那么贸易中的互补关系就会更多地被竞争关系取代，导致两国因利益冲突而产生贸易摩擦。从发达国家的产业结构来看，以技术、资本密集型产业为主，产业结构的同质性导致出口产业在世界市场中面临激烈竞争，此时，如果一国的某种产业因技术进步、劳动生产率水平的提高占据更多市场份额，那么，在世界总需求不变的情况下，其他国家生产同类产品的出口就会减少，导致其因贸易所得下降、利益受损而引发与获利国之间的贸易摩擦。

二是发达国家在高科技产业垄断地位的争夺中存在利益与冲突，引发贸易摩擦。由于发达国家主要从事的高科技产业往往具有较强的垄断性，难以形成国际生产价格，因此这些产业可以凭借垄断地位获得国际价值高于国际生产价格的国际超额利润。这使得发达国家对国际超额利润的追逐转变为对垄断地位的争夺，即谁掌握高科技产业的主导权，谁就可以凭借垄断地位在国际贸易中获得国际超额利润，因此，对高科技产业垄断地位的争夺成为发达国家间贸易摩擦的主要因素，也是最核心的因素。

三是传统强国因自身地位下降或霸权地位遭遇挑战时，会自动采取贸易保护主义政策，引发与其他强国之间的贸易摩擦。根据沃勒斯坦的世界体系论，一个强国在霸权稳定时期，通常会奉行自由贸易政策，以此来打开其他国家的市场，进一步巩固其在全球竞争中的优势地位。但传统强国在推行自由贸易的过程中会加快知识、技术在国家间的传播速度，导致外围国家能够通过"干中学"实现技术进步，提高生产率水平，蚕食核心国家的国际超额利润。当传统霸权国家的经济出现衰落、霸权地位遭受挑战、世界体系面临重组时，衰落的霸权国家就会自动采取贸易保护主义，进而引发与后进强国之间的贸易摩擦。如18世纪的英国，在确立全球霸权地位后产生了自由贸易的思想，通过自由贸易，使其他国家成为英国的原料产地和产品销售市场，进一步巩固其在全球竞争中的优势地位。直到19世纪末20世纪初，随着美国、德国、日本等国家的崛起，英国的霸权地位遭遇挑战，这使得英国放弃自由贸易政策，采取贸易保护主义政策，通过构筑英联邦关税同盟，不断向竞争对手制造贸易摩擦。又如在两次世界大战中崛起并成为世界霸主的美国，在其霸权稳定时期曾是自由贸易的强大捍卫者，促成了《关税及贸易总协定》的签订。但是，当霸权地位遭受挑战时，美国就开始不断地运用贸易制裁手段捍卫其在全球贸易中的主导地位。如20世纪80年代的美日贸易战就是美国为遏制日本的崛起而发动的。

四是发达国家在全球治理问题上的分歧也会产生贸易摩擦。当今的全球治理体系主要是由美国和欧盟主导的，但是，由于美国和欧盟在经济发展目标、货币财政政策等方面存在差异，它们在全球治理中的政策主张时常会出现分歧，如果各国不能够做出一定范围内的妥协和让步，在相关问题上达成共识，就有可能因利益冲突而产生贸易摩擦。如在处理经济增长和贸易赤字的关系问题上，美国把刺激经济增长作为主要目标，主张在持续的经济复苏中缩减贸易赤字，认为过快削减赤字或退出财政刺激政策会导致全球经济面临衰退风险；而欧盟以削减赤字为首要目标，主张在适度削减赤字中复苏经济，认为过慢削减赤字将增加政府债务负担和违约风险。因此，双方在削减赤字和经济增长中的分歧会使它们在制定全球经贸政策以及处理经贸问题的过程中产生矛盾与冲突，而这种矛盾与冲突通常会以贸易摩擦的形式体现出来。

二 案例分析：特朗普时期的美欧经贸冲突①

特朗普就任美国总统后，高举"美国优先"的大旗，在钢铝、汽车、飞机、农产品等领域不断向欧盟挑起贸易摩擦，美欧贸易争端空前加剧，具体分为两个阶段。

第一阶段是钢铝、汽车贸易冲突（见表3-1）。2018年3月1日，美国以国家安全为由宣布对进口钢铝征税，涉及欧盟、加拿大、墨西哥等国家和地区。面对美国的关税"大棒"，欧盟迅速采取了反制措施，包括向WTO提起诉讼、对美国进口产品征收惩罚性关税等。2018年5月，美国以美欧汽车贸易失衡为由宣布对欧盟生产的汽车征税，双方贸易摩擦升级。

表3-1 美欧钢铝、汽车贸易冲突的具体举措（2018年）

时间	发起方	具体举措
3月1日	美国	对约480亿美元进口的钢铝产品分别征收25%和10%的关税
3月7日	欧盟	向WTO提起诉讼，对美国约35亿美元的进口产品包括钢铁、服装、纺织品和特定工业品等征收25%的报复性关税
3月22日	美国	豁免对欧盟的关税至5月1日
3月26日	欧盟	对进口钢铁产品发起特保调查
4月30日	美国	对欧盟的豁免关税延长至6月1日
5月18日	欧盟	对从美国进口的大米、玉米、花生酱等产品征收25%的关税
5月23日	美国	启动"232"调查，调查进口汽车和零部件对国家安全的影响
6月1日	美国	正式开始对欧盟的钢铝产品征收25%和10%的关税
6月22日	欧盟	正式开始对从美国进口的32亿美元产品征收10%~25%的关税

---

① 欧盟是一个地区性的组织，本节将美欧经贸冲突归属于发达国家之间的经贸冲突。

续表

时间	发起方	具体举措
6月22日	美国	若欧盟不取消对美国的进口关税，将对其出口至美国的汽车征收20% 关税
7月18日	欧盟	对进口钢铁采取关税配额的进口限制措施

资料来源：SPS & TBT Platform，http：//spsims. wto. org/。

第二阶段是航空补贴的贸易争端。2019 年 4 月，美国因波音客机事故导致的信誉受损问题而向欧盟的空客公司发起贸易争端，双方持续 15 年之久的航空补贴问题进一步升级。2019 年 4 月 8 日，美国启动"301 调查"，宣布向欧盟约 110 亿美元的商品加征关税，主要涉及空客公司的四个制造国——法国、德国、西班牙和英国，加征关税的商品包括直升机、货运飞机及飞机零部件等。对此，欧盟迅速做出了反制措施，2019 年 4 月 17 日，宣布将对美国出口至欧盟约 200 亿美元的商品征收关税，商品涵盖化学制品、海鲜、水果、烟草等。在此次争端中，美国政府宣称与欧盟贸易谈判达成协议的条件是：必须解决美欧农业壁垒问题。而欧洲负责人则表态称：农业是欧盟的红线，不会成为谈判的一部分。因此，从目前情况来看，美欧贸易争端短期内无法解决。

此番美欧贸易争端是由美国向欧盟主动发起的，属于发达国家之间的贸易摩擦。其本质仍是国家之间经济利益关系的矛盾与冲突，贸易摩擦的生成因素同样可以在政治经济学分析框架下得到解释。

一是美欧之间的贸易失衡成为贸易摩擦的直接原因。首先，在货物贸易方面，美欧之间的贸易长期呈现逆差且有逐年扩大的趋势。2019 年，美国是欧盟的第一大出口市场，欧盟对美国的货物贸易顺差达到 1530 亿欧元，比 2003 年增加了 102.2%，为 2009 年以来的最高值。其次，美国和欧盟同属发达经济体，产业结构相似，产业结构的同质性导致出口产业在世界市场中面临激烈竞争。其中，工业制成品为双方主要的出口产品和贸易争端对象，尤其是汽车产业，欧盟长期处于对美国贸易顺差，这也成为此次美欧贸易摩擦的焦点。最后，从国家来看，欧美贸易顺差主要集中在少数几个国家，2019 年，排在前三位的是德国、爱尔兰和意大利，与法国、英国一起构成了对美贸易顺差总额的 71%。在服务贸易方面，双方地位比较均衡，不存在明显的失衡现象。因此，美欧货物贸易失衡使得美国认为在与欧盟的贸易中利益受损，这是其挑起贸易摩擦的直接原因。

二是欧盟劳动力成本的下降与劳动生产率提升所带来的相对优势导致美欧之间的国际超额利润分配发生潜在变化，美国作为可能的利益受损方率先挑起贸易摩擦。首先，欧盟劳动力成本下降会产生两种效应。第一种是购买力效应，即欧盟工资收入增速的下降降低了人们的购买力水平，消费需求不足导致进口减少，出现对外贸易顺差。如德国工会和企业之间采取的长期协作方式，其特点就是通过给予员工更多参与公司决策的权力以及更大工作灵活性的方式换取相对较低的工资水平，这种根深蒂固的劳资合作关系对于限制薪酬水平的提高起到了重要作用。同时，欧盟各国还在一定程度上削减了社会福利，如改革失业救济金、在医疗保险中引入自费比例、削减养老金等，这些都对人们的消费能力产生了负面影响。第二种是生产成本效应，劳动力成本是构成生产成本的重要组成部分，劳动力成本的降低会带来生产成本的下降，因此，欧盟工资增速的下降会降低产品的生产成本，使其产品在国际市场上更具竞争力，按照国际价值进行商品交换时能够获得更多的国际超额利润。其次，欧盟制造业的劳动生产率与美国相比出现了明显的上升趋势，劳动者创造价值的能力提升（见图3－1）。根据马克思国际价值理论，劳动生产率是影响国际超额利润获得的最主要因素，如果一国生产某种商品的劳动生产率水平高于国际平均劳动生产率水平，其国别价值就会低于国际价值，从而获得国际超额利润。虽然，美国与欧盟相比劳动生产率水平仍处于领先地位，但欧盟劳动生产率增长率的明显提升仍然会给美国带来巨大压力。图3－1中欧盟的几个国家除爱尔兰之外，制造业单位劳动者创造的实际增加值年均增长率都呈现明显的上升趋势；同时，欧盟劳动者成本的增长率则出现下降。这说明，与美国相比，一方面欧盟制造业的劳动力成本降低，另一方面劳动生产率水平提高，影响国际超额利润获得的两个主要因素——劳动力成本和劳动生产率都出现了积极的变化。这意味着制造业在国际市场上的利润分配关系将发生改变，欧盟的制造业在国际贸易中具备了获得更高国际超额利润的可能性，这无疑会损害美国的利益，导致国家间经济利益关系出现矛盾与冲突，从而引发美国对欧盟的贸易摩擦。

三是美欧间激烈的行业竞争导致贸易冲突加剧。美国与欧盟成员国大多属于发达国家，产业结构相似度高，因此出口产品存在高度竞争性。根

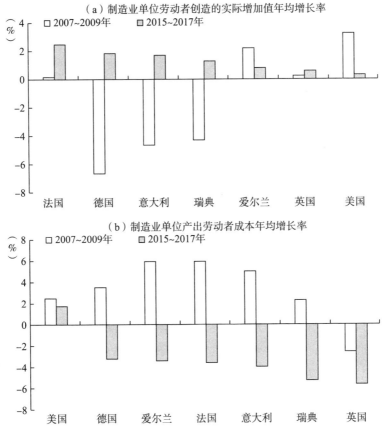

图3-1　美欧制造业劳动生产率增长率与劳动力成本增长率的变化

资料来源：The Conference Board International Labor Comparisons Program。

据美国彼得森国际经济研究所研究员弗罗因德的研究，美国与德国前十大出口产品类别中有九个相同，双方存在激烈竞争。随着近年来欧洲经济复苏进程的加快，欧盟在产业结构和经济发展水平上都逐渐与美国平行，并且在部分领域开始挑战美国的领先地位，尤其是在航空领域，欧盟的空客公司连续五年订单总额都超过了美国波音公司。从产业出口结构相似度来看，在HS2位码分类下，美国的出口结构与德国、加拿大、墨西哥、中国的相似度较高；在HS4位码分类下，美国的出口结构与德国和加拿大的相似度较高；而在HS6位码分类下，美国的出口结构仅与德国存在较高的相似度（见图3-2）。这说明只有德国在产业细分上与美国最为接近，与美国存在较强的竞争，产业结构的同质性会使贸易双方的经济利益陷入冲突区而引发贸易摩擦。

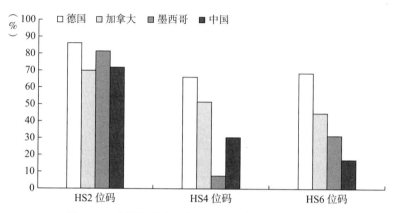

图 3 - 2　美国与其贸易伙伴产业出口结构的相似度

资料来源：UN Comtrade Database，https：//comtrade. un. org/data/。

　　四是欧盟成员国的科技实力、创新能力与美国的差距逐渐缩小，将在高科技领域挑战美国的垄断地位，美国为遏制欧盟竞争力的提高挑起贸易摩擦。科技实力与创新能力是衡量一个国家竞争力的关键因素。根据世界经济论坛的统计，2017～2018 年的技术革新指数排名中，排在前十位的国家有 5 个是欧盟成员国，全球排名从高到低依次为瑞士（第一位）、德国（第三位）、瑞典（第五位）、芬兰（第八位）、奥地利（第十位），且这些国家与金融危机前的排名相比均出现明显上升，瑞士已经超过排名第二位的美国。再从专利数量和研发支出来看，据世界知识产权组织统计，2017年德国以每单位 GDP 居民专利申请 1961 件居世界第四位，美国则以 1664件居第六位，而第七位到第十位都被欧盟成员国占据。在研发强度上，德国、瑞典、奥地利、丹麦均已超过美国。这说明，欧盟的科技竞争力水平已经开始挑战美国在国际上的地位，而科技竞争力是保持美国高科技产业垄断地位的关键，更是其获得巨额国际超额利润的关键，因此，欧盟在科技竞争力上对美国的挑战加剧了美欧间经济利益关系的矛盾与冲突，贸易摩擦不可避免。

　　五是美国霸权地位的下降使得其在贸易理念上与欧盟发生背离，产生贸易摩擦。根据霸权稳定论，当传统霸权国家的经济出现衰落、霸权地位遭受挑战时，衰落的霸权国家就会自动地采取贸易保护主义，进而引发与后进强国之间的贸易摩擦。近年来，美国经济遭遇一系列问题，产业和产品生产环节的跨国转移导致国内制造业出现"空心化"，中下阶层失业率上升，贫富差距扩大引发的阶级矛盾激化等问题导致国内民粹主义倾向严重。为了维护日渐动摇的霸权地位，特朗普提出了"美国优先"的对外政策，意图通过双边贸易谈判制定符合美国利益最大化的贸易规则，这与欧盟主张的在全球贸易规则下加强多边合作的贸易理念相悖，共同利益逐渐转变成矛盾与冲突。

六是美欧在全球治理问题上的分歧很容易转化为贸易摩擦。美国从二战后全球化的推动者转变为如今逆全球化的主导者，不断破坏多边贸易规则，实际上是美国意图修改并制定更加符合自身利益的全球治理规则。以WTO改革为例，目前WTO争端解决机制面临机制瘫痪、机构运行效率低下、"双反"领域解决周期过长等问题，对此，各国提出了一系列改革措施。其中，欧盟和加拿大倾向于对现有的机制进行改善，在维护多边贸易体制的基础上进行改革；而美国虽然同意对WTO进行改革，但改革路径与欧盟存在较大分歧，主张采取"双边"代替"多边"的策略，希望与各国开展双边谈判，以避免多边谈判可能会产生利益实现受阻的现象，旨在重新塑造以美国利益为核心的全球治理体系。因此，美欧在全球治理问题上的分歧会不可避免地转化为贸易摩擦。

第三节　发展中国家间贸易摩擦成因分析

一　发展中国家间贸易摩擦的成因解析

发展中国家间贸易摩擦的本质与一般贸易摩擦相同，是国家间经济利益关系矛盾与冲突的产物。这种矛盾与冲突既体现为贸易失衡所带来的经济利益上的分配不均，也体现为因产业结构相似而产生的同质竞争，同时发展中国家相关贸易法制不健全、立法不规范，导致各国因法律上的随意性而产生贸易摩擦等。下面将从五个方面进行具体分析。

一是贸易失衡引发的贸易摩擦。一些发展中国家由于自然资源丰富、劳动力成本较低，使得其在劳动密集型产业和生产环节中能够凭借国别价值低于国际价值的价格获得国际超额利润。而当一个国家与其贸易伙伴国的贸易出现明显顺差时，便会招致贸易伙伴国的反倾销调查。以印度尼西亚为例，钢铁产品是印度尼西亚对华反倾销的第一大目标产品。尽管印度尼西亚钢铁资源丰富，但钢铁产业落后，钢产量不足，难以满足国内需求，因此每年需要大量进口。据印度尼西亚钢铁协会发布的数据，2017 年印度尼西亚进口钢铁 643 万吨，占其年钢铁消耗总量的 48%；2015 年和 2016 年，印度尼西亚分别进口钢铁 685 万吨和 649 万吨，为全球五大钢铁进口国之一。而中国占其进口总量的近 1/3，且以初级产品为主，价格相对较低，对印度尼西亚国内市场产生了一定的冲击，且在中印贸易中，中国长期处于顺差地位，导致印度尼西亚频繁对中国发起反倾销调查。①

二是发展中国家在产业结构和产品价值链生产环节上的同质性导致产品低价竞争而引发的贸易摩擦。发展中国家由于经济发展水平较低，劳动力成本低，在产业结构和产品价值链生产环节上往往以劳动密集型产品和劳动密集型生产环节为主。由于这些产业和生产环节技术含量低，因此，进入壁垒较低，比如加工、组装环节往往具有企业数量多、规模小的特征，位于这些产品价值链上游环节的是控制着产品生产与供给的少数几家跨国垄断企业，占据着买方垄断地位；而发展中国家的众多同质代工企业作为劳动密集型生产环节的卖方，则面临着激烈的完全市场竞争。因此，在供过于求的市场形势下，广大发展中国家为争夺有限的市场有时会陷入低价竞争，引发贸易摩擦。

三是发展中国家争夺外部资源的冲突与矛盾容易转化为贸易摩擦。在国际产业结构转移的背景下，发达国家将本国的劳动密集型产业转移至发展中国家。在承接劳动密集型产业的过程中，除了需要大量廉价的劳动力以外，还需要各种丰富的自然资源，面对资源有限的约束条件，很多发展中国家在资源领域展开争夺，导致一些资源丰富的发展中国家在与其他国家进行资源型贸易往来时，频繁设置贸易壁垒，以防止本国资源快速外流，造成与其他国家经贸往来的障碍，从而引发贸易摩擦。例如随着近年来对铁矿石、石油的需求日益高涨，中国与铁矿石、石油资源丰富的国家之间出现不和谐因素。

四是发展中国家贸易法制的不健全导致反倾销随意性空间增大，在处理反倾销问题上容易引发分歧，产生贸易摩擦。由于历史原因，发展中国

---

① 宋利芳：《WTO 框架下印尼对华反倾销及中国的对策》，《东南亚研究》2016 年第 6 期。

家的法律体系不够完善，尤其在反倾销立法方面严重滞后于国际贸易发展的需要，有一些国家甚至没有制定相关法律。WTO 的调查显示，大多数发展中国家是在 WTO 出台《反倾销协议》后才开始本国的反倾销立法工作，如印度、墨西哥、阿根廷等国家。相比发达国家的反倾销立法，发展中国家大多存在立法不规范、内容不严谨、涵盖范围窄、反倾销裁决的行政因素过强以及与 WTO 规定不符甚至相冲突的现象，严重影响了法律实施的严肃性。此外，还有一些发展中国家至今没有制定反倾销相关法律，只以本国的行政法规为依据执行反倾销裁决。法律体系的不完善导致各国在处理反倾销问题时很容易产生随意性，引发分歧，从而产生贸易摩擦。

五是相比发展中小国，发展中大国在市场规模、运输成本及技术创新等方面的优势，使得双方在贸易政策上存在分歧，引发贸易摩擦。首先，传统的自由贸易理论是建立在完全竞争和规模报酬不变的假设之下，认为自由贸易总是最好的，选择自由贸易可以使贸易双方都获益。但现实社会中，这种假设很难成立，市场通常存在规模经济效应，即较大的国家拥有较大的市场规模，更有利于培育出具有规模经济效应的企业，从而降低企业的生产成本，提高产品在国际市场上的竞争力。因此，在国际贸易中，发展中大国相比发展中小国更容易获得规模经济带来的利润。其次，运输成本会对产业布局产生重要影响。发展中大国相对于发展中小国往往具有较大的市场，而本地生产、本地销售可以减少运输成本，以此为目的，发展中大国能够凭借较大的市场规模获得较多产业在其国内生产、投资的机会。最后，技术的正外部性更容易在经济规模较大的国家传递。正如裴瑱和陆剑认为，"若技术落后国与技术领先国相比经济规模足够大，则技术落后国能够凭借较大的经济规模迅速提高其知识积累水平，从而存在超越技术领先国家的可能"[1]。以上三点说明在规模经济递增的产业中，发展中大国相较于发展中小国在市场规模、运输成本以及技术创新方面都具有与生俱来的优势。因此，在发展中大国与发展中小国进行贸易的过程中，发展中大国通常主张自由贸易，而发展中小国则倾向于采取贸易保护主义政策，使得双方在贸易中的分歧无法避免，产生贸易摩擦。

---

[1] 裴瑱、陆剑：《规模报酬递增和新贸易理论的发展》，《世界经济研究》2006 年第 9 期。

二 案例分析：印度对华的反倾销贸易争端

改革开放后，中国对外贸易迅速发展，尤其是在加入 WTO 后，中国凭借丰富且廉价的劳动力资源以及广阔的国内市场承接了发达国家劳动密集型产业和劳动密集型生产环节的转移。在中国成为"世界工厂"的同时，大量质优价廉的商品开始涌向世界市场，这导致针对中国的反倾销贸易争端愈演愈烈。

从 1995～2015 年全球反倾销发起国（地区）和被调查国（地区）的排名来看，中国是遭受反倾销调查最多的国家，共遭受反倾销调查 1123起。其中，印度成为向中国大陆发起反倾销调查最多的国家，案件调查总数达到 179 起，远远超过排名第二的美国（130 起）和第三的欧盟（125起）（见表 3 - 2）。从调查的年份分布来看，2000 年以前，虽然印度每年对华发起的反倾销调查都在 7 起以内，但是占印度对外反倾销调查总数的比例却很高，特别是 1996 年，达到了 100%，这说明印度一开始就将中国视为反倾销头号目标国。2001 年，中国加入 WTO 后，印度对华反倾销调查数量激增，每年在 10 起以上，2008 年金融危机期间更是达到 15 起。

表 3 - 2　全球主要反倾销发起国（地区）和被调查国（地区）的排名（1995～2015 年）

单位：起

排名	发起国（地区）	被调查国（地区）									
		中国大陆	韩国	中国台湾	美国	印度	泰国	日本	印度尼西亚	俄罗斯	巴西
1	印度	179	57	56	40	—	42	32	30	23	7
2	美国	130	41	29	—	30	14	39	20	14	13
3	欧盟	125	29	27	16	37	21	10	16	23	5
4	巴西	91	22	19	42	18	10	3	6	7	—
5	阿根廷	94	15	11	17	12	7	3	7	4	54
6	澳大利亚	48	34	20	12	6	26	11	24	1	3
7	中国	—	34	16	42	7	5	42	5	11	1
8	南非	39	16	11	10	22	5	1	9	2	10
9	加拿大	35	14	11	17	8	4	3	5	6	8
10	土耳其	75	7	11	4	13	13	3	9	4	1

资料来源：WTO 反倾销数据库。

在 1995～2015 年印度对华发起的 179 起反倾销调查案件中已经确认采取反倾销措施的有 146 起，确认率在 80% 以上。中国企业在这一过程中应对措施有限，这导致印度对华出口产品征收的反倾销关税通常高于其他国家。通过对 2005～2015 年印度对华发起的可查询到的 52 起反倾销案件中的征税产品进行统计，可以发现印度对华征收的反倾销税率多数集中在 40%～80%，而税率在 100% 以上的案件所占比例也很高（见图 3-3）。除了征收较高的反倾销税，印度对华反倾销所涉及的行业也十分广泛，包括化工、医药、机电、钢铁和纺织等行业。其中化工行业遭到的反倾销调查最多，1995～2015 年，我国化工行业共遭到印度的反倾销调查案件 85 起，占案件总数的 47.5%。其次是医药和机电行业，分别占 16.8% 和 11.7%（见表 3-3）。近年来，随着中印两国在高科技和新能源领域的竞争日趋激烈，印度对华的反倾销调查也开始向这两个行业涉足。

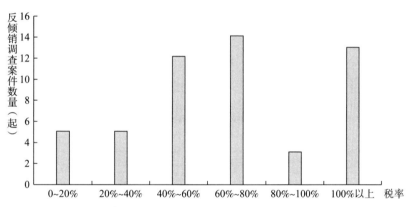

图 3-3　2005～2015 年印度对华征收反倾销税率的频率分布

资料来源：世界银行反倾销数据库。

表 3-3　1995～2015 年印度对华反倾销产品的行业分布情况

单位：起，%

行业分类	化工	医药	机电	钢铁	纺织	其他	合计
案件数量	85	30	21	14	10	19	179
占比	47.5	16.8	11.7	7.8	5.6	10.6	100.0

资料来源：根据印度商工部网站资料整理。

中印两国都属于新兴的发展中大国，它们之间的贸易摩擦除了具备一般发展中国家间贸易摩擦的生成因素之外还存在一定的特殊性，主要包括以下几个方面。

一是印度政府奉行贸易保护主义政策。尽管近年来印度经济一直保持增长，但增速并不稳定且制造业水平相比中国依然十分落后。这主要表现在其制造业占国民经济的比重偏低，不足30%；工业制成品中高科技含量低且品质差，难以应对国外尤其是中国物美价廉商品的冲击。因此，为了保护本国产业免受外部竞争，实现经济稳定增长，印度政府采取的是相对保守的贸易政策，即对进口产品实行严格监管，只要不明显违背WTO规则，就会频繁地使用反倾销措施限制进口，以防止国外产品大量涌入本国市场。因此，作为"世界工厂"的中国，必然会成为印度采取反倾销调查的首要目标。

二是中印之间贸易逆差不断扩大。在中印贸易中，印度一直是贸易逆差国。表3-4显示了2006～2015年中印两国的货物贸易情况。可以看到，10年间，印度对中国的贸易一直处于逆差状态，且逆差呈逐年扩大的趋势。尤其是在2015年，印度对中国的贸易逆差同比增长14.5%，占印度对外贸易逆差总额的近40%。中印两国持续扩大的贸易失衡现象加剧了印度对中国进行反倾销调查。

表3-4 2006～2015年中印两国的货物贸易情况

单位：亿美元

年份	印度贸易总额	印度出口额	印度进口额	贸易逆差
2006	251.6	104.8	146.8	42.0
2007	390.5	149.3	241.2	91.9
2008	521.8	205.8	316.0	110.2
2009	437.8	140.1	297.7	157.6
2010	621.6	211.4	410.2	198.8
2011	743.1	236.7	506.4	269.7
2012	669.7	191.2	478.5	287.3
2013	663.3	148.6	514.9	366.3
2014	720.0	136.2	583.8	447.6
2015	713.3	99.9	612.4	512.5

资料来源：商务部网站。

三是中印两国贸易结构雷同且中国更具竞争优势。中印两国进出口产品主要集中在机电产品、化工产品、贱金属及其制品等，在进出口产品的贸易构成上具有很强的重叠性，存在较强的竞争关系，而中国与印度相比劳动生产率水平较高，在出口相同的产品上更具竞争力，能够获得更多的国际超额利润，这也是印度频繁对中国发起反倾销调查的重要原因。

四是中印两国在发展次序上的竞争。从发展次序上来看，先发展的国家在承接发达国家产业转移、吸引跨国公司的直接投资、实现技术的正外部性、推动技术在国内的传播与扩散、争取在国际规则制定中的话语权等方面都比后发展的国家具有优势。因此，新兴发展中大国在发展次序上存在激烈的竞争。为了实现率先发展，一方面新兴发展中大国会致力于推动本国的经济发展；另一方面也会运用各种手段给竞争对手制造障碍，延缓其发展的步伐，而贸易摩擦就是其中的一种形式。中印两国虽然都是亚洲的发展中大国，人口规模庞大，经济增速较快，但无论从 GDP 来看还是从人均 GDP 来看，中国都明显优于印度。2019 年，中国的名义 GDP 为 14.36 万亿美元，人均 GDP 为 10150 美元；印度的名义 GDP 仅为 2.85 万亿美元，人均 GDP 为 2200 美元，不到中国的 1/4。同时，印度的制造业发展水平落后，与中国相比存在较大差距。受"中国威胁论"的影响，印度国内部分决策者为维护自身的政治、经济地位，主张抵制中国，对中国抱有敌对情绪，这造成了印度商界对中国产品的歧视性看法，从而导致印度企业频繁针对中国产品发起反倾销调查。

五是中国企业缺乏应诉反倾销调查的能力。一方面，中国企业对反倾销法律的熟知度不够，缺乏反倾销方面的相关专业人员，尤其缺乏熟悉反倾销条款和实际操作经验的律师。另一方面，中国企业反倾销的应诉成本较高，大多数中小出口企业难以承受。反倾销申诉资格的获得通常需要具备一定的条件，即需要同一行业排名前 20～30 家大型企业联合起来才能实现，而争取如此数量规模的企业需要花费较大的时间成本，协调起来十分困难，一旦成功，每个企业分摊的收益却很少，导致企业积极性不高。

| 第四章 |

守成大国与新兴大国贸易摩擦

——以中美贸易摩擦的成因分析

守成大国与新兴大国之间的贸易摩擦既有前述体现的一般规律性因素，也存在特殊性因素。一方面，与新兴大国相比，守成大国的地位会出现相对下降的趋势，根据霸权稳定论，当霸权国家的地位处于上升时期或相对稳定时期，霸权国家有能力并且有意愿维护和推动国际政治经济的开放，自由的经济秩序能够得到持续和发展，在此期间，贸易摩擦也相应减少；但是，当霸权国家的地位出现动摇时，其贸易保护主义情绪就会上升，从而自发地采取贸易保护主义政策，贸易摩擦数量随之增加。另一方面，根据世界体系论，一个大国的崛起必然会改变既定的国际格局，引发国家间经济利益分配关系的变化，这种变化导致守成大国与新兴大国之间激烈的矛盾与冲突，在一方受益、一方受损的零和博弈思想下，守成大国为了维护自身地位，必然会运用各种制裁措施（包括以贸易逆差为由向新兴大国挑起贸易摩擦、以新兴大国经济发展模式及产业政策危害市场竞争为由挑起贸易摩擦、运用汇率狙击手段打压新兴大国等）对新兴大国加以遏制，导致贸易摩擦愈演愈烈，如历史上的美日贸易摩擦、当今的中美贸易摩擦。考虑到这种特殊性，本章将在贸易摩擦的政治经济学分析框架下，以美国、中国为例分析贸易摩擦的成因，并对其生成因素进行计量检验。

第一节　守成大国与新兴大国贸易摩擦
成因的特殊性

守成大国与新兴大国贸易摩擦的产生可能有多方面因素，包括贸易失衡、经济发展模式的差异、国内阶层的矛盾与冲突等，但最重要的原因是大国之间对国际地位和战略利益的争夺。在大国崛起的过程中，必然会引起国际分工格局和国际经济利益分配格局的变化。随着新兴大国国际地位的上升，它会在政治、经济等领域挑战守成大国的霸权地位，导致守成大国与新兴大国之间的利益关系出现矛盾与冲突，从而引发贸易摩擦。

根据霸权稳定论，守成大国的贸易政策有其内在的规律性。该理论认为任何霸权国家的霸权都不会永远持续，最终都会不可避免地走向衰落，但是，即便如此，没有一个国家会主动放弃它在霸权体系中占据的优势和特权。从历史上霸权周期性变化的过程中可以看到，无论是 19 世纪 40 年代英国霸权地位的上升时期还是 20 世纪 40 年代美国的崛起，抑或是 20 世纪初英国霸权地位的衰落以及如今美国世界霸权地位的动摇，国际贸易摩擦都有着极为显著的变化。[①] 金德尔伯格甚至认为 20 世纪 30 年代的国际经济危机是霸权衰落的英国在将霸权接力棒交给霸权尚未稳定的美国时，接力棒不幸落地的结果。因此，根据霸权稳定论，守成大国的贸易政策有其内在规律性，其采取何种贸易政策往往取决于它在国际权力结构中的地位。当一个大国正在崛起或处于霸权稳定时期，政府通常采取自由贸易政策，通过在国际上的竞争优势获得更多的国际超额利润；而当霸权衰落时，守成大国就会自动地采取贸易保护主义政策，以维护其在国际经济中的绝对优势地位。历史上的霸权国家，如英国，在工业革命后确立了世界霸权地位，为了扩大市场，英国政府废除了《谷物法》，减少贸易保护，开始实行自由贸易政策。随着 19 世纪末德国的崛起，英国的霸权地位遭到动摇，导致其结束了已实施长达 30 年的自由贸易政策，掀起全国性的关税改革运动，贸易摩擦数量增加，最终形成了第一次世界大战前的两大对立阵营。二战后，美国的崛起催生了新自由主义，在美国的主导下成立了多个有利于推动自由贸易的国际组织，包括世界贸易组织、国际货币基金组织、世界银行等。自由贸易政策一方面使美国在世界范围内赚取了巨额利润，促进了美国的繁荣；另一方面也为其他国家的经济发展创造了机遇。

① Kazenstein, P. J., *Domestic and International Forces and Strategies of Foreign Economic Policy*, 转引自王正毅、张岩贵《国际政治经济学——理论范式与现实经验研究》，商务印书馆，2003，第 223 页。

到 20 世纪 70 年代，日本迅速成长为仅次于美国的世界第二大经济体，动摇了美国的霸权地位，此后，美国对日本的政策开始发生转变，从以扶持为主的自由贸易政策转变为遏制、打压的贸易保护主义政策。由此可见，历史上的霸权更替以及霸权国家采取的贸易政策印证了霸权稳定论的观点，即当守成大国的霸权地位发生动摇时，就会自发地采取贸易保护主义政策以维护自身在世界体系中的绝对优势，与其他国家（包括发展中大国）产生贸易摩擦。这是守成大国与新兴大国贸易摩擦成因的特殊性之一。

守成大国与新兴大国贸易摩擦成因的第二点特殊性可以用世界体系论进行解释。世界体系论认为，守成大国在占领霸权地位后所采取的自由贸易政策会加速技术在世界范围内的传播，使得其他国家有可能通过技术的溢出效应，在"干中学"中实现崛起，以此蚕食霸权国家的国际超额利润，国家间经济利益关系出现矛盾与冲突，进而产生贸易摩擦。世界体系论的这种观点是建立在大国兴起所导致的国际经济利益关系发生变化的基础上，其理论逻辑是新兴大国的崛起必然会引发国际经济利益分配关系的变化，进而导致各国在贸易中的利益冲突。这种理论的思想最初源于 1953 年约翰·希克斯的著名演讲《国家的福利》，他在其中第一次指出了落后国家技术的进步有时会损害先进贸易伙伴国的整体福利。同时，希克斯还用李嘉图模型说明了一个国家生产率增长会对其贸易伙伴国产生的影响，模型得出的结论是：一国生产率的无偏向增长将使贸易双方的福利都得到提高，但当一国生产率的增长集中在进口产业时，就会损害其贸易伙伴国的利益。1977 年，萨缪尔森运用创造性的图形分析法，得出了与希克斯相同的结论，认为落后国家无偏向的技术增长会增进贸易双方的福利，但是当技术从先进国家向落后国家转移的过程中却可能损害先进国家的利益。后来，克鲁格曼对先进国和落后国之间的贸易问题进行了研究，发现先进国生产率的提高总是有利于贸易双方，而相对落后国家的发展对其自身总是有利的，但对先进国家是否有利则要视不同情况而定。[1] 到 20 世纪末，斯塔福德和海曼斯对一国产业进步所带来的影响进行了分析，他们认为，

---

[1] Krugman, P. R., "Intraindustry Specialization and the Gains from Trade," *Journal of Political Economic* 5 (1981): 959 – 973.

一国产业生产率水平的提高对其贸易伙伴国的影响取决于对进口产业的有害影响和出口产业的有利影响之间的平衡。[①] Gomory 和 Baumol 在生产率可变的假定下，对传统贸易模型进行了修正，指出传统贸易模型和新贸易模型之所以认为贸易可以产生双赢的结果，是因为这两个模型均建立在规模收益递减以及完全竞争市场等严格假设基础之上。如果对原始模型的假设进行修正，即考虑到产业具有保留性，后来者通过学习能够实现追赶战略的情形时，就会发现贸易国之间存在固有的国家利益冲突，对一国最有利的结果往往不利于另一国。[②] 具体来看，一个发达国家将允许落后国家发展与其互补的产业，双方在产业优势互补的基础上实现贸易互利共赢，但是，当发展中国家积累了一定的资本和技术，促使要素禀赋结构和比较优势发生变化，从而进入价值增殖更高的产业，并且通过"干中学"获得了生产率水平的提高，开始与发达国家在技术含量更高的领域展开竞争时，两国的经济利益关系就会从互利区转入冲突区，即一方获利的同时导致另一方利益受损，国家间经济利益关系出现矛盾与冲突。也就是说，在现代经济社会中，一国生产力水平的提高有时会损害其贸易伙伴国的整体福利，贸易国之间存在固有的国家利益冲突。基于此，守成大国与新兴大国之间的利益关系在某一时间段上就具备一定的零和性质，即在新兴大国实现经济赶超的过程中，双方之前在贸易中的互利共赢状态会随着新兴大国生产力的进一步提高而被打破，双方在同质产业中对国际超额利润的争夺导致经济利益关系进入冲突区。在实力决定地位的国际社会中，新兴大国对守成大国地位的挑战不可避免，尤其是经济地位的挑战，因此，面对这种挑战，守成大国会运用各种手段和制裁措施对新兴大国的发展进行遏制，而贸易摩擦通常是最普遍的一种形式。

第二节　中美贸易摩擦的历史轨迹

1979 年中美建交以来，美国对中国的贸易政策主要经历了以下阶段。

---

① 转引自王亚飞《大国兴起与国际经济摩擦——兼论中美贸易摩擦》，《世界经济与政治论坛》2009 年第 1 期。

② Gomory, R. E., Baumol, W. J., *Global Trade and Conflicting National Interests* (Cambridge: MIT Press, 2000), pp. 56 – 79.

第一阶段为 1979～1989 年的友好阶段。为了在美苏争霸中处于更加有利的地位，美国政府意识到获得中国支持的必要性，因此，卡特、里根两位总统均采取了对华宽松的贸易政策，措施主要集中在进口和出口两方面，包括放宽对中国的技术、军用物资、商业性产品的出口管制，扩大对中国的进口，调整对中国的出口管制组别，等等。这一时期，在相对宽松的政策环境下，中美两国的贸易得以快速发展。第二阶段为 1989～2001 年的先制裁后合作阶段。1989 年，以美国为首的西方敌对势力开始加紧对中国的围堵和封锁，与此同时，美国对中国的贸易政策也发生了巨大转变，从放宽、开放转变为限制和制裁。具体表现为：加强对中国的技术出口管制、停止一切对中国军需物资及商业性武器的出口、频繁挑起与中国的贸易摩擦等。在这种严峻的政策环境下，中美两国的贸易发展举步维艰，贸易额一度跌落至历史最低水平。后来，克林顿总统开始逐渐意识到对中国实行的过度制裁并不符合美国的长远利益，应该与中国展开合作，在这种思维的转变下，美国开始逐步恢复与中国的贸易，放宽了对中国的出口管制，并在多个领域与中国展开合作。"9·11"事件后，美国进行战略调整，在小布什总统执政期间中美关系整体发展较为顺利。第三阶段为 2001～2017 年的对华差别化阶段。在这一阶段，美国对中国采取的贸易政策呈现出明显的表里不一特征。虽然表面上美国依旧宣称中美两国互为重要合作伙伴，主张采取对华友好的贸易政策，但实际上却多次挑起与中国的贸易摩擦，对中国发起"双反"调查。由此可见，这一阶段美国对中国的贸易政策已经开始发生转变，采取的是更为歧视性的贸易政策。第四阶段为 2017～2021 年特朗普执政时期，表现为美国对中国的全面遏制，中美贸易摩擦升级。特朗普总统上台以来，提出了一系列代表贸易保护主义的政策观点，如"美国优先""公平贸易""削减赤字"等。针对中美贸易严重失衡的现象，特朗普指出：正是由于往届政府实行了过度自由的贸易政策，美国在与中国的贸易中失去了公平性，利益受损，因此需要对华采取更加强硬的贸易措施，维护贸易公平，增加美国就业，实现美国的繁荣与发展。特朗普的贸易保护主义政策使中美贸易摩擦持续升级，具体事实经过如下。

2015 年，特朗普在竞选宣言中 21 次提到中国，宣称要对中国征收大规模的进口关税。

2017 年 8 月 18 日，美国贸易代表罗伯特·莱特希泽宣布正式对中国发起"301调查"①，这是美国对中国发起的第6次"301调查"。1991年4月，美国政府以中国专利法缺陷、商标权保护缺乏等为由对中国发起第1次"301调查"，双方历经9个月磋商，最终达成妥协，签订了第一份中美知识产权保护协议；1991年10月，美国对中国发起了市场准入的"301调查"，双方在经历9轮谈判后，签署《中美市场准入谅解备忘录》；1994年6月，美国再次以知识产权保护为由对中国发起了第3次"301调查"，要求中国开放对美国知识产权保护产品的进口，最后，双方经过8个月的谈判签署了第二份中美知识产权保护协议；1996年4月，美国指责中国知识产权保护不力对中国发起第4次"301调查"；2010年10月，美国围绕知识产权、市场准入等问题对中国发起第5次"301调查"；2017年8月发起的"301调查"是美国对中国发起的第6次"301调查"，内容包括中国政府在技术转让、知识产权保护、创新等领域是否存在不合理做法或歧视性政策，以及做法或政策是否已经对美国商业造成损害。

2018年2月16日，美国商务部公布了对美国进口钢铁和铝产品的国家安全调查（"232调查"②）报告，认为进口钢铁和铝产品严重损害了美国国内产业，威胁美国国家安全；3月8日，美国宣布根据"232调查"对进口钢材关税增加25%，对进口铝材关税增加10%，随后对除中国之外的其他国家进行关税豁免，中美贸易摩擦序幕由此拉开；3月23日，特朗普签署总统备忘录，依据"301调查"清单单方认定结果，宣布对500亿美元的中国进口产品征收惩罚性关税，中国政府也公布了对美国产品的征税清单，包括水果、猪肉等128种价值30亿美元的美国进口产品；4月5日，美国宣布对中国另外1000亿美元的产品加征关税，但没有公布具体细节，同日，中国就美国进口钢铁和铝产品的"232调查"，向美方提出WTO磋商请求，正式启动WTO争端解决程序；4月16日，美国商务部宣布对中兴通讯实施制裁措施；5~6月，在经历了三轮贸易谈判后，中美贸易摩擦出现缓和迹象，但由于美国反复，贸易摩擦进一步升级；6月15

---

① "301调查"是美国《1974年贸易法》中的第301条，是美国贸易法中有关对外国立法或行政上违反规定、损害美国利益的行为采取单边措施的立法条款。

② "232调查"是美国商务部根据《1962年贸易扩展法》第232条款授权，对特定产品进口是否威胁美国国家安全进行立案调查，并在立案之后270天内向总统提交报告，总统在90天内做出是否对相关产品进口采取最终措施的决定。

日，美国公布了依据 2017 年 8 月 18 日对华"301 调查"结果建议征收的 1300 个中国商品关税清单，建议对清单上的中国进口商品征收额外 25% 的关税，约 500 亿美元，第一批征税商品总计 340 亿美元，于 7 月 6 日开始生效，第二批 160 亿美元的商品还在评估中，针对美国这一决定，中国给予了同等规模的反制措施，即对 659 项税目总计约 500 亿美元的进口商品加征 25% 的关税，其中对 545 项商品加征的关税自 7 月 6 日起开始实施，剩余的 114 项商品加征关税时间另行公告；7 月 6 日，中美对双方的第一批商品加征关税措施如期实行；7 月 11 日，美国贸易代表办公室公布了对价值 2000 亿美元的中国进口商品征收 10% 的关税清单，涉及服装、电子零件、冰箱等高科技产品；8 月 1 日，美国贸易代表莱特希泽发表声明称，拟对 2000 亿美元中国商品的关税税率由 10% 提高至 25%；对此，中国商务部 8 月 3 日发布公告，决定对 5207 项税目约 600 亿美元自美国进口的商品按照四个等级的税率分别加征关税，其中近一半的税目税率达到 25%；9 月 24 日，美国对约 2000 亿美元的中国商品加征 10% 的关税措施正式生效，同时，中国政府对约 600 亿美元的美国商品加征 5%～10% 不等的关税措施也正式生效。

此后，中美又进行了 7 轮磋商，双方就大部分问题达成了一致意见。针对遗留问题，美国坚持不合理要价，采取霸权主义态度，严重违背了中国谈判磋商的基本原则和底线，导致双方分歧迟迟得不到解决。2019 年 5 月 6 日，美国宣布自 5 月 10 日起，将对从中国进口的 2000 亿美元商品加征关税税率提高至 25%，这一举措违背了中美之前达成的暂停升级关税的协定。针对美国的这种单边主义霸权行径，中国不得已做出回应，决定自 6 月 1 日起，提高从美国进口的 600 亿美元商品的关税税率，按照 25%、20%、10% 的税率分别加征关税；8 月 24 日，美国宣布将提高对约 5500 亿美元中国进口商品加征关税的税率，并将从 10 月 1 日起，对价值约 2500 亿美元的中国进口商品的关税税率从 25% 提高至 30%。

2018～2019 年，中美贸易摩擦经历了几个回合的交锋与升级，在此期间，双方共进行了 15 轮经贸磋商，就大部分分歧达成了共识，但也几经波折。第一次是 2018 年初，中美贸易谈判刚刚落下帷幕，美方就找借口对从中国进口的 500 亿美元商品加征 25% 关税。第二次是 2018 年 5 月 19 日，中美两国在进行磋商后发布了"双方不打贸易战"的联合声明，美国公开表示，暂停推进对华加征关税计划。但几天之后，美国再次推翻协定，对中国的产业政策、经济制度进行无端指责，并宣布升级对中国的关税计划。第三次是 2019 年 5 月，美国不顾中美两国在二十国集团领导人峰会期间达成的暂停互征新关税的协定，将中美贸易谈判进展缓慢的原因完全归咎于中国，并决定自 5 月 10 日起将 2000 亿美元的中国进口商品加征关税税率提高至 25%，导致中美经贸磋商再度陷入困境。

除了与中国的关税战，近两年，美国还以威胁国家安全为由对中国高科技企业实施高压政策，包括中兴、华为、TikTok 等。除了针对个别高科技企业，美国还公布了一批生产涉及半导体、光学器材、航空、汽车零部件等高科技领域的中国企业，并将其列入"危险名单"，要求美国企业在向名单上的中国公司和高等院校提供产品或技术出口时应审慎对待，对其进行限制。由此可见，美国以其标榜的自由市场经济为由对中国高科技企业的干预违背了市场经济规律，凸显了其政治意图。

第三节　中美贸易摩擦成因分析

中美贸易摩擦属于守成大国与新兴大国之间的贸易摩擦，其产生既具有国家间贸易摩擦形成的一般规律性因素，同时也具有其内在的特殊性。也就是说中美贸易摩擦的本质与其他国家间的贸易摩擦一样，是经济利益关系矛盾运动的产物。但不同于一般国家间贸易摩擦的是，中美之间的利益矛盾与冲突是在新兴大国发展并逐渐赶超守成大国的过程中形成的，出于对新兴大国的忌惮心理，守成大国必然会运用各种制裁措施对其加以遏制，同时自发地采取贸易保护主义以应对自身地位的相对下降。由此可见，中美贸易摩擦需要结合守成大国与新兴大国之间贸易摩擦成因的特殊性，并在贸易摩擦的政治经济学分析框架下深入理解分析，才能窥一斑而知全豹，厘清中美贸易摩擦的本质，具体包括如下几个方面。

第一，中美贸易摩擦的背景是全球生产过剩，有效需求不足。一方面，2008 年金融危机后，资本主义发达国家经济发展乏力且呈现各种问题，导致有效需求不足，产能过剩现象严重。另一方面，进入 21 世纪后，国家间与国家内部的分化力量进一步增强，不平等现象加剧。虽然，全球化加快了知识和技术的传播速度，但是无论这种促进国家实力趋同的力量有多强大，都会有一种更强大的敌对力量与之相向而行，导致贫富差距进一步被拉大。从一国内部来看，新自由主义经济全球化带来的经济增长并没有惠及普通民众，而是扩大了贫富差距，尤其是发达国家中下阶层的低技能劳动者的生活每况愈下。以美国为例，图 4-1 中的曲线表明了 1910~2010 年美国收入前 10% 人群的总收入占国民收入的比重。其中，1910~1920 年，美国收入前 10% 人群的总收入占国民收入的比重在 40%~45%；到 20 世纪 40 年代，美国不平等现象有所缓解，收入前 10% 人群的总收入占国民收入的比重下降至 30%~35%，这种不平等程度一直持续到 20 世纪 80 年代，之后迅速上升；进入 21 世纪，不平等程度甚至一度达到 50%，为历史最高点。这种不平等在一国内部的加剧是美国特有的现象吗？图 4-2 用私人资本与国民收入之比来代表国内收入不平等程度。从图 4-2 中可以看到，欧洲发达国家如德国、法国、英国，其收入不平等程度的走向与美国基本相同，都在进入 21 世纪后呈现明显的上升趋势。

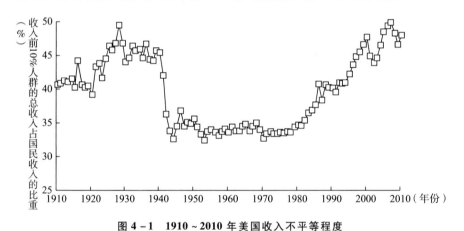

图 4-1　1910~2010 年美国收入不平等程度

资料来源：http://piketty.pse.ens.fr/capital21c。

那么，严重的不平等会产生什么后果呢？可用一个例子说明，假设一个牛奶厂生产了 100 箱牛奶，每箱售价 100 元，则 100 箱牛奶全部售出所获得的销售收入是 10000 元。如果厂长向工人支付的工资为 2000 元，购买原材料的成本为 3000 元，其售出 100 箱牛奶所获得的利润即为 5000 元，为厂长的实际消费能力。而所有工人和农民的消费能力加在一起只有 5000 元，导致其有效需求不足，只能消费 50 箱牛奶，厂长有 5000 元的消费能力，但实际需求最多也只有 10 箱，剩下的 40 箱牛奶就成了过剩产能。由

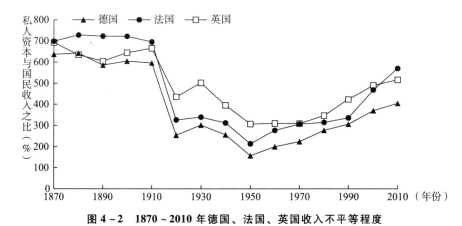

图 4 - 2　1870 ~ 2010 年德国、法国、英国收入不平等程度

资料来源：http://piketty. pse. ens. fr/capital21c。

此可见，财富分配不均、资本向富人的过度集中会导致普通民众的有效需求不足，生产过剩进一步加剧，一国为化解过剩产能必然会实行干预性的贸易政策，积极扩大出口，寻求海外市场。正如凯恩斯在《就业、利息与货币通论》中指出的：经济在市场机制的作用下不能自动地实现均衡，政府应运用"看得见的手"弥补和克服市场失灵所带来的缺陷，必须采取强有力的政府干预，通过运用货币政策和财政政策增加有效需求，应对经济危机后出现的产能过剩现象。以哈罗德为代表的一部分经济学家认为政府对贸易政策的干预能够为经济增长带来乘数效应，即政府通过制定有利于本国出口的贸易政策，从而扩大总需求，实现贸易顺差，贸易顺差的结果将最终通过乘数效应以倍数的形式作用于本国的经济增长。此番中美贸易摩擦正是在全球生产过剩，有效需求不足的背景下产生的。在这样的背景下，各国为争夺国际市场，缓解生产过剩，必然会运用贸易保护主义手段（包括增加进口关税、设置贸易壁垒等）进行政策干预，从而减少进口、增加出口，扩大国外对本国产品的需求，缓解生产过剩危机，在此过程中，不可避免地会出现贸易摩擦。

第二，贸易逆差是美国挑起贸易摩擦的表象。美中贸易逆差是此番美国向中国挑起贸易摩擦的直接原因。2017 年，美国贸易代表办公室公布的美中贸易逆差额为 3752 亿美元。据此，特朗普认为：美中巨额的贸易逆差导致美国在与中国的贸易中利益严重受损，是"吃亏"的一方，同时宣称要缩小美中贸易逆差。那么，贸易逆差是否为美国挑起贸易摩擦的真正原因？弄清这个问题就要对美中贸易逆差产生的原因进行分析，搞清楚谁是美中贸易的实际利润获得者。

首先，美中贸易逆差的产生可以从如下几方面来看。一是国际产业的转移。国际产业转移是在马克思国际价值理论和国民工资差异理论作用下产生的。为了获得更多的国际超额利润、避免本国劳动力成本过高的劣势，在资本利益的驱动下，美国等发达国家会主动放弃从事劳动密集型产业，在进行产业转移的过程中导致了美中货物贸易的失衡。一方面，作为产业转移国，美国早已将劳动密集型产业转移出去，因此，为满足国内居民对低端制造业产品的需求，只能从中国等发展中国家进口，这导致美中之间巨额的货物贸易逆差。另一方面，美国本可以凭借其在高技术领域的比较优势向中国出口高端技术产品，以弥补其在货物贸易领域的逆差。但为了遏制中国发展，长期以来，美国对中国出口的产品并没有遵循比较优势原则，而是在高科技领域对中国实行严格的出口管制，设置技术壁垒，比较优势难以充分发挥，从而加剧了其贸易失衡现象。二是跨国公司的直接投资。由于中国拥有廉价的生产要素，且基础设施完备，国内市场广阔，吸引了美国等发达国家的跨国公司来华投资建厂，跨国公司的直接投资对中国出口产生了一系列联动效应，这些效应直接导致了中美贸易失衡。（1）加工、组装成最终产品的返销效应。美国、欧盟、日本等发达国家或地区的跨国公司在中国投资建厂，将中国作为产品加工的中转站，许多标有"中国制造"的产品实际上包含一些生产中间产品国家的高附加值生产环节，而这些产品在中国加工、组装成最终产品出口后却全部算成中国的出口额，大大高估了中国的贸易顺差。比如中国的电子产品中有许多零部件依赖国外进口，这些零部件在中国进行加工、组装后销售到国外，其中由中国廉价劳动力所创造的价值是很小的，绝大部分利润被创造高附加值的发达国家所获得，而贸易顺差却反映在中国，使得中国面临"两头在外""大进大出"的尴尬窘境。据中国海关统计，2017 年中美贸易顺差额的 59% 来自外商投资企业。（2）跨国公司内部的贸易转移效应。美国在华投资的跨国公司，其母公司与子公司之间会产生巨额的贸易量，它在一定程度上也对中美贸易失衡产生了影响。这种影响主要体现在两个方面。一方面夸大了中国对美国的出口。由于美国生产成本较高，因此美国跨国公司把本应由其国内生产的商品转移到了在华子公司进行生产，在中国进行加工、组装后再由其在华子公司将最终产品销往美国，就产品生产的归属地来说这些产品应属于美国企业自己生产的，而按照现行的贸易统计标准却将这部分出口划在中国企业的出口类别名义之下，增加了中国对美国的出口额。另一方面忽略了美国向中国的出口。美国跨国公司的在华子公司主要从事加工、组装生产环节，因此，在子公司的生产过程中，一些关键零部件会通过跨国公司内部贸易的方式由美国母公司输入在华子公司，而美国却没有将这一部分归为对中国的出口，减少了其对华出口额，扩大了美中贸易逆差。

其次，从中美贸易的实际利润获得来看，虽然中国是货物贸易顺差，但顺差并不等于利润，贸易差额只是两国在进出口数量上的反映，与两国贸易背后获得的真实利润没有根本联系，而考察贸易利得应该以两国实际获得的利润为依据。在当前全球价值链分工模式下，美国主要从事产品价值链中的研发、设计、服务等高附加值环节，中国主要负责加工、组装等低附加值的劳动密集型生产环节，中美贸易顺差与中美贸易利益流向并不同向。虽然中国表面上显示为对美国的贸易顺差，但实际上中国从中美贸易中获得的利润很少，美国则相反。从以上对美中贸易逆差产生的原因及实际利润获得的分析中可知，中美贸易失衡是由美国自身的产业结构所决定的，是在资本利益的驱动下完成的，制造贸易摩擦并不能促进制造业回归、扭转贸易赤字；美国是中美贸易的实际利润获得者，美国以中美贸易失衡导致其利益受损为由挑起贸易摩擦并不符合客观事实，贸易逆差只是美国挑起贸易摩擦的表象。

第三，中美贸易摩擦是美国国内经济利益关系矛盾与冲突的外在表现。在第二章贸易摩擦的政治经济学分析框架中，已经对国内经济利益关系矛盾与冲突引发的贸易摩擦问题进行了系统的阐释。一方面，随着资本有机构成的不断提高，工人随机器的发展而被排斥，低技能工人开始大量失业，就业率降低，导致劳动力市场供求状况失衡，劳动者丧失了工资话语权，工资收入下降。同时，资本有机构成的提高必然导致可变资本减少，利润率降低，为弥补利润率下降的损失，资本家开始不断延长工作时间，加大对劳动力的剥削。另一方面，新自由主义全球化改变了发达国家内部的经济利益分配关系，扩大了贫富差距。随着全球化进程的加速，资源在世界范围内得到重新配置，资本所有者可以充分利用各国优势资源获得超额利润。其中就包括发达国家为降低生产成本、提高利润率将本国的劳动密集型产业和生产环节转移至发展中国家，导致发达国家的工人，尤其是低技能工人受到了来自发展中国家劳动力供给的剧烈冲击，失业人数上升。与中下阶层所遇困境形成对比的是，资本不断向上层社会集中，大资本家和金融财阀等群体的收入水平不但受到金融危机的影响较小，反而积累了规模空前庞大的财富。根据市场研究公司 SNL Financial 提供的数据，美国五大银行（摩根大通、美国银行、花旗银行、富国银行、高盛）截至 2016 年 9 月 30 日管理的资产约为 6.8 万亿美元，比金融危机前增加了 15%，金融资本对美国国会议员的游说和赞助成功阻挠了实质性的金融监管改革，美国银行业每年享受着超过 1150 亿美元的利润，其中大部分分配给了银行家和金融高管。贫富差距的扩大使得美国中下阶层群体日益认识到经济全球化所带来的经济增长成果并未得到均衡分配，而更为严重的是政府并未对利益受损群体做出应有的补偿。美国哈佛大学 2016 年的一项调查显示，美国"千禧一代"中只有 19% 的人称自己属于资本主义者，只有 30% 的人对现有的社会制度大体满意，在 30 多岁的年轻劳动者中，只有一半人认为他们的收入水平能够超过父母，而在其父辈时期该比例则高达 90%。① 面对贫富差距不断扩大，阶级矛盾进一步激化的现象，美国政府为了掩盖其日渐乏力的执政能力，同时转嫁国内矛盾与危机，将利益受损群体所遭遇的困境嫁祸给了经济全球化，故与其产生巨额贸易顺差的中国顺理成章地成了被抵制的对象。然而，从现实来看，美国这一"嫁祸于人"的策略似乎与现实结果形成了完美的契合，即中国与美国中下阶层的利益受损确实存在一定的相关性。在进口方面，克鲁格曼的一项研究指出，"随着南北国家间的贸易往来频繁，尤其是中国加入 WTO 后出口规模的显著扩张，美国数以百万计的制造业工作岗位被中国取代，美国等发达国家进口竞争行业的就业和工资水平受到严重冲击。从中国的进口每增加1000 美元，美国的就业率就下降 2.1%，制造业部门下降 4.2%，而失业者主要为低技能劳动者"②。另外，从投资方面看，美国在向中国进行产业和生产环节转移的过程中，必然要加大对中国的投资，雇佣更多的中国劳动力，这同样会减少对本国劳动力的需求。由于中国在近几十年间成为全

---

① https://www.hswh.org.cn/wzzx/xxhq/bm/2016 – 05 – 30/38085.html.

② Krugman，P.，"Leave Zombies Be，" *Finance & Development* 53（2016）：11.

世界吸引外资最多的国家，劳工阶层的收入快速增长，这使得中国越来越多地成为美国中低阶层抱怨的对象，美国的利益受损者将自身境况的恶化归咎于中国，挑起与中国的贸易摩擦得到了美国中下阶层特别是利益受损群体的支持。这一点成功迎合了美国政府为转嫁国内阶级矛盾对其进行故意诱导的政治意图（因为中国的劳动力供给与美国失业群体虽然存在一定程度的相关性，但相关并不等于因果，美国仍然是国际超额利润的主要获得者，全球化的主要获利者。即使将所获利润的一部分用于补偿利益受损群体，收益规模仍然十分庞大，但政府并没有这样做。因此，贫富差距扩大、经济利益关系出现矛盾与冲突的原因并不在于中国，而在于美国政府分配政策上的失败，挑起与中国的贸易摩擦解决不了美国贫富差距扩大、阶级矛盾激化的问题，只是美国政府转嫁国内危机、巩固执政地位的一种战略手段）。

第四，中美两国经济利益关系矛盾运动的逻辑解释。贸易摩擦的本质是国家间经济利益关系矛盾运动的产物，而中美贸易摩擦就是中美两国经济利益关系矛盾运动的结果，其矛盾运动产生的逻辑起点在于中国技术进步带来的劳动生产率水平的提高。劳动生产率变化所引发的比较优势的变化可以通过索洛模型进行解释。模型假定规模报酬不变，在存在技术进步的情况下，有两种生产要素 K、N，则经济中的生产函数可写为：

$$Y = F(AN, K) \qquad (4-1)$$

其中，AN 为有效劳动，生产函数为产出 Y、资本 K 和有效劳动 AN 的一次齐次函数。在上述生产函数中，当作为技术状态的变量 A 随时间的推移增大时，说明存在技术进步，这时经济中的劳动生产率水平提高了。

令式（4-1）两边同时除以 AN，可得：

$$\frac{Y}{AN} = F\left(1, \frac{K}{AN}\right) \qquad (4-2)$$

式（4-2）中，$\frac{Y}{AN}$ 代表单位有效劳动的平均产出，$\frac{K}{AN}$ 代表单位有效劳动持有的平均资本。令 $y = \frac{Y}{AN}$，$k = \frac{K}{AN}$，$f(k) = F(1, k)$，则生产函数为 $y = f(k)$，人均产出与人均资本的关系（索洛模型）如图 4-3 所示。

令 s 为储蓄率，n 为人口增长率，g 为技术进步率（劳动生产率），δ 为折旧率，则人均有效资本不变的稳态条件为：

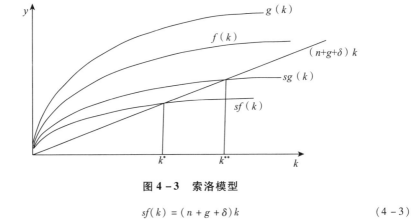

图4-3　索洛模型

$$sf(k) = (n + g + \delta)k \tag{4-3}$$

在索洛模型的基础上，Baldwin引入了国际贸易理论，将其扩展到开放经济中。Baldwin指出，"技术进步、劳动生产率水平的提高可以带来生产规模的扩大，产量增加。从国家层面来看，产量增加会扩大一国的贸易顺差"[1]。由图4-3可知，技术进步导致经济进入了一个新的稳态 k^{**}，可以看出，技术进步后的稳态与技术进步之前的稳态相比，单位有效劳动持有的平均资本增加了，技术进步产生了资本积累效应。由此得出的结论是：技术进步、劳动生产率水平的提高可以带来一国资本要素的增加，而无论是物质资本还是与技术进步密不可分的知识、人力资本都会促使该国比较优势发生转变，要素禀赋结构向高级化变迁。这是中美两国经济利益关系矛盾运动的起点，即劳动生产率水平的变化→要素禀赋的比较优势发生变化。1952~2018年，中国劳动生产率水平有了很大程度的提高，1952年美国全员劳动生产率是中国的124.47倍，2018年缩小至7.55倍；1953~2018年，美国全员劳动生产率年平均增长1.58%，中国全员劳动生产率年平均增长5.97%，比美国高出4.39个百分点。因此，中国劳动生产率水平的提高会促使中国要素禀赋结构及比较优势发生改变。

进一步地，生产要素比较优势的变化会如何影响一国产业结构？Oniki和Uzawa在对资本积累与比较优势关系问题研究的基础上，提出比较优势

---

① Baldwin, R. E., "Measurable Dynamic Gains from Trade," IUI Working Paper 270 (1990): 1-19.

的变化会改变贸易伙伴之间的贸易模式[①]，这里的资本仅属于物质资本。随着技术的发展，学者们开始逐渐关注知识、人力资本对贸易结构的影响，并将人力资本作为内生变量引入模型解释了技术变化对贸易伙伴之间贸易关系的影响。这里运用具有代表性的 Rybczynski 定理来说明一国要素禀赋的变化与产业结构变动之间的关系。Rybczynski 定理是 Rybczynski 在1955 年提出的，主要研究一国生产要素变动对该国产业结构的影响。该定理假设有 X、Y 两种生产要素，两种生产要素可以相互替代，分别生产 K、L 两种产品，K 是 X 密集型产品，L 是 Y 密集型产品。如图 4 - 4 所示，AB 为生产要素 X 的数量，AD 为生产要素 Y 的数量，凸向 A 点的曲线族为 L 产品的等产量线，凸向 C 点的曲线族为 K 产品的等产量线，均衡点为 S。若生产要素 X 的数量由 BA 增加到 BA′，若产品替代率不变，则新的均衡点为 P，A′P 的直线距离短于 AS 的直线距离，产品 L 的产量下降，产品 K 的产量由于生产要素 X 数量的增加而上升。该定理说明当一国生产率水平提高导致资本、技术要素增加的同时，也会促使该国产业结构向资本密集型、技术密集型发生转变。由此可知，在非均衡增长路径上，一国可以从劳动要素密集型转变为资本要素或技术要素密集型，即一国初始的要素禀赋与其长期的贸易结构并不存在必然联系，各国要素禀赋的相对变动会引起比较优势的变化。这种变化为 Gomory 和 Baumol 模型中落后国家通过生产率水平的提高从而摆脱初始要素禀赋限制，进入发达国家所垄断的保留产业奠定了理论基础。

随着中国劳动生产率水平的提高，中国以劳动力要素为主的要素禀赋结构逐渐向资本、技术要素禀赋结构转变，要素禀赋的变化进一步促使中国以劳动密集型为主的产业结构逐渐向资本、技术密集型产业结构升级。中国在产业结构不断升级的过程中，会对高生产率国家美国的产业造成不同程度的冲击。根据 Gomory 和 Baumol 模型，高生产率的发达国家只有与不发达的、生产率极低的且从事低端制造业或价值链生产环节的国家进行贸易才能获得最大利润，当落后国家实现了产业结构升级并开始进入发达国家的保留产业中时，发达国家一开始会因该行业整体劳动生产率水平的

---

① Oniki, H., Uzawa, H., " Patterns of Trade and Investment in a Dynamic Model of International Trade," *Review of Economic Studies* 32 (1965): 15 - 38.

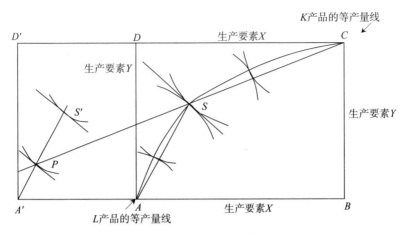

图 4 - 4　Rybczynski 定理

提高而受益，这一受益过程会一直持续到其贸易伙伴在世界市场上占据重要地位并与其产生竞争为止。因此，作为国家间经济利益关系矛盾与冲突的产物，中美贸易摩擦形成的经济逻辑在于：低生产率国家中国的劳动生产率水平提高，带来了要素禀赋结构及比较优势的变迁，进一步促使产业结构升级，从而进入高生产率国家美国的保留产业，与获得垄断利润的美国形成竞争，改变了中美贸易的经济利益分配关系，违背了美国追求经济利益最大化的目标。对此，为维护保留产业的核心垄断地位，美国会在中国对其构成潜在威胁之前挑起与中国的贸易摩擦，以遏制中国的产业结构升级。在此番中美贸易摩擦中，美国根据"301 调查"对从中国进口的约 1300 种产品征收 500 亿美元的关税清单所覆盖的大部分产业并非中国对美国存在贸易顺差的产业（见表 4 - 1），这进一步印证了中美贸易摩擦的原因并非贸易失衡，而是美国以贸易逆差为由意图阻止中国产业结构升级，其本质是国家利益之争。

表 4 - 1　2017 年中美货物贸易顺差分布

单位：亿美元

中美货物贸易顺差产品	顺差额
机电产品及其零件、附件	1560
各种杂项制品	610
纺织品	420

续表

中美货物贸易顺差产品	顺差额
金属	160
鞋帽、服装	150
塑料、橡胶及其制品	110
陶瓷品；玻璃及制品	68
革、毛皮及制品；箱包；肠线制品	57
食品；饮料、酒及醋；烟草及制品	21
木及制品；木炭；软木；编织品	9
特殊交易品及未分类商品	6
武器、弹药及其零件、附件	1

资料来源：Wind 数据库；任泽平和罗志恒发布的《中美贸易失衡的根源：给特朗普上一堂贸易常识课》，2018 年 4 月 1 日。

第五，中美贸易摩擦是守成大国零和博弈思想作祟，旨在遏制中国发展。罗伯特·吉尔平指出，"当边缘区国家的经济实现飞跃发展，并开始摆脱对核心区国家的依附时，核心区国家一方面会自发地采取贸易保护主义策略，另一方面会在争夺国际超额利润的过程中与新的核心区国家发生激烈竞争，伴随竞争的是剧烈的冲突与对抗，在此期间贸易摩擦呈上升趋势，直至新的核心区国家崛起完成"①。吉尔平的这一思想在美国霸权崛起和衰落的进程中得到了印证。二战后，美国凭借其强大的经济实力成为世界霸主，在霸权确立和霸权稳定时期，美国积极倡导新自由主义全球化，建立了有助于推动全球化的多个国际合作组织，加快了全球化的发展进程。20 世纪 70 年代末，美国遭遇了第一次霸权衰落。随着欧洲经济的复苏，美国并开始出现贸易逆差，为捍卫其在全球贸易中的主导地位，美国开始不断修订贸易法，启动对欧洲发达国家的"301 调查"以应对自由贸易带来的挑战。20 世纪 80 年代，日本的崛起又一次动摇了美国的霸权地位，为了遏制日本发展，美国在制造业、金融等领域对日本发动全面贸易战，最终使日本陷入"失去的 20 年"。进入 21 世纪后，世界格局日益朝着多

---

① 〔美〕罗伯特·吉尔平：《国际关系政治经济学》，杨宇光等译，上海人民出版社，2020，第 102 页。

极化方向发展，美国逐渐从自由贸易的坚定捍卫者转而采取"自由且公平"的贸易主张，一方面用"自由贸易"政策来打击和控制后发国家，另一方面又用"公平贸易"政策来应对欧盟、东亚等发达国家和新兴经济体的挑战，不断运用贸易制裁手段捍卫其在全球经济中的主导地位。近年来，中国的发展让美国再次感到其霸权地位遭到威胁。从经济总量和规模上来看，2019年中国的经济总量约占美国经济总量的67%，突破了美国设定的60%的警戒线；从产品价值链和产业结构布局来看，中国的全球价值链及出口结构布局正逐渐由低端向中高端转变；从科技水平上看，随着改革创新步伐的持续推进，中国在5G、人工智能、超级电脑、量子科学实验卫星等高科技领域已超过美国，位居世界领先水平。这让美国各界对中美关系的认识发生了转变，"主张对中国采取强硬政策""加强对中国的遏制打压"成为美国两党的共识。特朗普发布的《国家安全战略报告》明确指出，中国的发展将挑战美国的国际地位，并严重威胁美国的繁荣与安全。在政府的煽动和故意诱导下，这一观点也得到了在全球化中利益受损群体的支持，具备了广泛的阶级基础。中美关系之所以进入一个关键转折期，是因为在美国看来，过去的很长一段时间里，中国与美国的经济实力存在较大差距，中美两国在产业结构和价值链生产环节中更多地体现为互补性，竞争性较弱。但是随着中国综合国力的日益强大，其经济规模与美国不断接近，美国必然会运用各种手段遏制中国发展，给中国发展制造各种不利因素，从而维护自身的绝对优势地位，即当边缘区国家的经济实现飞跃发展，并开始摆脱对核心区国家的依附时，核心区国家就会运用零和博弈思维遏制新兴国家的发展，制造贸易摩擦就是一种手段。根据吉尔平的霸权稳定论，在中国发展的过程中，中国与发达国家间的贸易摩擦会进一步加剧，直到发展起来并形成以中国为主的新的核心区，此后，贸易摩擦将进入下降阶段（见图4-5）。

第六，中美贸易摩擦凸显两国在政府与市场关系认知上的冲突。在国际贸易日益深化、利益关系日益复杂的背景下，由于经济发展模式不同，各国在处理政府与市场关系的问题上存在认知冲突，这种冲突经常会以贸易摩擦的形式表现出来。虽然在西方经济学理论（即资源优化配置是通过市场均衡来实现的，财富与政治组织无关）的指导下，政府与市场被认为是二元对立的，这使得西方古典自由主义遵循"限制政府权力以保障人民

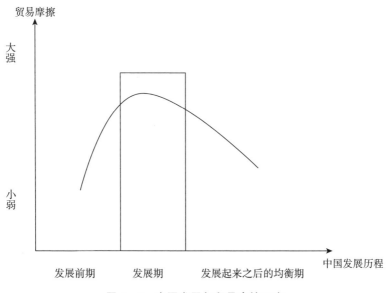

图 4 – 5　中国发展与贸易摩擦示意

私有财产不受侵犯、实现绝对自由"的原则。但是，在经过了几次经济危机后，资本主义国家逐渐从"市场神话"中清醒过来，明白了理论中的市场均衡模型只存在于完全竞争状态下，而现实经济社会中则广泛地充斥着不完全竞争、外部性、公共产品供给等极易产生市场失灵的情况。这使得资本主义国家认识到政府与市场之间不是单一线性的完全排他性关系，而是共生性关系，并在进入 20 世纪后开始逐渐赋予政府更多的职能，形成了不同类型的市场经济模式，如德国的"社会市场经济模式"、日本的"政府主导型市场经济模式"、美国的"自由市场经济模式"，无论哪一种模式，政府在产业政策中都发挥了重要作用。如在工业化起步阶段，发达资本主义国家依靠关税保护、进口配额、出口退税、政策补贴等干预手段对新兴产业进行扶持。但面对后发国家，发达资本主义国家则依旧鼓吹"市场神话"论，以自身为市场经济的标准范式，限制后发国家的经济发展。在此轮的中美贸易摩擦中，美国多次指责中国经济模式破坏了全球竞争。2018 年 2 月 16 日，美国商务部以部分国家政府对市场的过度干预严重扰乱市场秩序、造成钢铝产品出现产能过剩为由，决定对进口钢铝产品加征关税，而后又对除中国之外的其他国家实行关税豁免。由此可见，美国对中国产业政策的指责一方面反映了两国在政府与市场关系认知上的冲突，即中国政府和国有企业在经济发展中所发挥的重要作用以及中国主张的"市场有效、政府有为"始终不被美国理解和接受；另一方面美国在打着自由主义市场经济口号的同时，却不断干预美企与中企的正常贸易，对中国高科技企业横加制裁，是明显的"双重标准"，违背了市场经济和公平竞争原则。

第七，中美贸易摩擦中"汇率操纵"的"一石多鸟"效应。2019 年 8 月 5 日，特朗普指责中国为获取大量对美国贸易顺差而刻意低估人民币汇率，并于次日将中国列为"汇率操纵国"。由于美元的国际货币地位，美国通常利用自身在国际金融体系与货币制度设计中的主导权和话语权，在贸易严重失衡的情况下或重大政治节点（如中期选举）前夕，指责他国为"汇率操纵国"，以此实现其政治、经济等多重目的。通常情况下，美国主要依据三个标准来判断一国是否为"汇率操纵国"：一是对美国货物贸易顺差超过 200 亿美元；二是经常账户盈余超过 GDP 的 3%；三是在外汇市场持续进行单向干预且买入的外汇超过 GDP 的 2%。[①] 达到这三个标准即被美国认为是"汇率操纵国"。而从美国判断一国是否为"汇率操纵国"所依据的三条标准来看，首先，2018 年中国对美国的贸易顺差为 3233.2 亿美元，超过 200 亿美元，符合对美国贸易顺差超过 200 亿美元的第一条标准；其次，2018 年中国的 GDP 为 13.89 万亿美元，出口 2.48 万亿美元，进口 2.14 万亿美元，照此计算，中国贸易盈余占 GDP 的比重为 2.45%，不符合经常账户盈余超过 GDP 的 3% 的第二条标准；最后，此次人民币贬值是由美国对中国产品加征关税引起的，并非政府对外汇市场的单向干预。美国趁机给中国贴上"汇率操纵国"的标签，是蓄意而为，意图迫使人民币升值。因为一旦美国成功迫使人民币升值，就可以产生一系列遏制中国经济发展的联动效应，包括减少中国出口，增加中国失业人数，延缓中国制造业发展，等等，能够产生"一石多鸟"的效应。由此可见，美国采取汇率狙击手段挑起与中国的贸易摩擦并不符合其定义的"汇率操纵国"标准，是典型的颠倒黑白的行为，根本目的是延缓人民币国际化进程，维护美元霸权地位。

---

① 陈继勇、陈大波：《特朗普经贸保护政策对中美经贸关系的影响》，《经济学家》2017 年第 10 期。

第四节　中美贸易摩擦生成因素的实证检验

通过运用贸易摩擦的政治经济学分析框架对中美贸易摩擦的生成因素进行分析，可以得到中美贸易摩擦的影响因素主要包括以下几方面。（1）美国 GDP 增长率。通常情况下，在经济下行时期，会出现有效需求不足进而加剧产能过剩的现象。为争夺有限的国内、国际市场，一国会采取贸易保护主义政策，挑起与其他国家（包括中国）的贸易摩擦，因此，可假定美国 GDP 增长率与中美贸易摩擦数量具有负相关性。（2）美国失业率。美国失业率的上升会激发国内阶级矛盾，而政府为了缓和国内阶级矛盾，巩固执政地位，往往会将本国失业率的上升以贸易摩擦的形式转嫁给经济全球化。因此，从某种程度上看，贸易摩擦只是美国缓解国内经济利益矛盾与冲突的战略手段，并非真正为了解决国内失业问题。（3）中国技术进步率（全要素生产率增长率）。中国的技术进步对中美贸易摩擦数量的影响要看中美双方是位于贸易的互利区还是冲突区，若二者位于互利区，则中国技术进步率与中美贸易摩擦数量具有负相关性；若位于冲突区，则具有正相关性。（4）人民币兑美元汇率。从前文分析中可知，美国极易在人民币出现贬值时对中国采取汇率狙击手段。通常情况下，人民币兑美元汇率下降会导致中国对美国出口产品增加，从而加剧中美贸易顺差，引发贸易摩擦。因此，可初步假定人民币兑美元汇率与中美贸易摩擦数量具有负相关性。（5）中美贸易顺差额。中美贸易顺差额（美中贸易逆差额）通常是美国挑起贸易摩擦的直接原因，但通过前文分析，在中美贸易中，美国虽为贸易逆差国，却获得了远超中国的国际超额利润，因此，中美贸易顺差额并非中美贸易摩擦的真正原因，故假定中美贸易顺差额与中美贸易摩擦数量并无直接关系。以上推论是在政治经济学分析框架下对中美贸易摩擦生成因素进行分析所得出的，下面将通过回归分析，对影响因素的相关性进行实证检验。

一　变量的选取

关于影响中美贸易摩擦生成因素的变量有很多，本章只选取了符合书中研究目的的相关变量，即被解释变量 Y 为中美贸易摩擦数量；解释变量

X_1 为美国 GDP 增长率，X_2 为美国失业率，X_3 为中国技术进步率，X_4 为人民币兑美元汇率，X_5 为中美贸易顺差额（见表 4－2）。下面将通过回归分析，检验解释变量与被解释变量之间的相关性。

表 4－2　中美贸易摩擦生成因素实证检验所需数据

年份	被解释变量 Y 中美贸易摩擦数量（次）	解释变量 X_1 美国 GDP 增长率（％）	解释变量 X_2 美国失业率（％）	解释变量 X_3 中国技术进步率（％）	解释变量 X_4 人民币兑美元汇率	解释变量 X_5 中美贸易顺差额（亿美元）
2000	14	4.13	4.0	2.030	8.2784	686.7
2001	9	1.00	4.7	2.042	8.2770	838.1
2002	16	1.74	5.8	2.741	8.2770	830.5
2003	20	2.86	6.0	2.722	8.2770	1030.6
2004	30	3.80	5.5	2.942	8.2768	1240.7
2005	34	3.51	5.1	4.262	8.1917	1619.4
2006	17	2.85	4.6	5.693	7.9718	2325.5
2007	38	1.88	4.6	7.241	7.6040	2562.0
2008	29	－0.14	5.8	2.813	6.9451	2663.3
2009	38	－2.54	9.3	1.330	6.8310	2268.3
2010	32	2.56	9.6	2.760	6.7695	2730.7
2011	36	1.55	8.9	1.682	6.4588	2954.6
2012	26	2.25	8.1	0.343	6.3125	3150.5
2013	29	1.84	7.4	0.511	6.0969	3184.2
2014	26	2.45	6.2	0.410	6.1428	3426.3
2015	21	2.88	5.3	0.392	6.2284	3756.9
2016	41	1.57	4.9	1.450	6.6423	3470.4
2017	46	2.22	4.4	1.461	6.7518	3752.3
2018	45	2.93	3.9	1.460	6.6174	4191.6

注：为了便于统计，本书选取美国针对中国发起的反倾销调查、反补贴调查、保障措施、特别保障措施和"337 调查"的次数之和作为衡量中美贸易摩擦数量的指标，这一指标来自中国贸易救济信息网。美国 GDP 增长率数据来自 U. S. Bureau of Economic Analysis；美国失业率数据来自 U. S. Bureau of Labor Statistics；中国技术进步率（全要素生产率增长率）、人民币兑美元汇率、中美贸易顺差额由笔者根据历年《中国统计年鉴》计算得到。

二 实证检验过程

1. 单位根检验

在进行回归分析，讨论经济变量之间的相关性之前，必须首先判断变量时间序列的平稳性。如果变量的时间序列是非平稳的，需要先对变量进行处理，一般可通过差分方法来消除单位根，将其转变为平稳序列。如果直接对非平稳序列进行回归，得到的结果可能是伪回归。判断变量时间序列平稳性最常用的方法就是 ADF 检验。

ADF 检验首先需要从含有截距项和趋势项的模型开始检验，其次检验只含有截距项的模型，最后检验既不含截距项也不含趋势项的模型。如果三次检验结果都不拒绝原假设，则经济变量的时间序列是非平稳的；如果有一个模型的检验结果拒绝了原假设，则认为序列是平稳的。同时，ADF 检验一般先从原始序列开始检验，如果 ADF 统计量的绝对值大于 5% 水平下的 ADF 检验临界值的绝对值，则需要对原始序列进行一阶差分后继续检验，直至序列的 ADF 统计量的绝对值小于 5% 水平下的 ADF 检验临界值的绝对值为止，此时序列平稳。

从表 4 - 3 的检验结果中可以看出：原始序列的 ADF 统计量的绝对值均大于 5% 水平下的 ADF 检验临界值的绝对值，说明这些序列在 95% 的置信水平下都是非平稳的。进一步检验显示，一阶差分后序列的 ADF 统计量的绝对值均小于 5% 水平下的 ADF 检验临界值的绝对值，说明这些序列在 95% 的置信水平下都是平稳的，6 个变量均为一阶单整的，满足了协整检验的前提。

表 4 - 3 ADF 检验结果

变量	检验方式	ADF 统计量	5% 临界值	P 值	是否平稳
Y	$(C, 0, 0)$	− 3. 04039	− 2. 14815	0. 230	不平稳
DY	$(C, 0, 0)$	− 3. 05217	− 6. 86302	0. 000	平稳
X_1	$(C, 0, 0)$	− 3. 69081	− 3. 02657	0. 152	不平稳
DX_1	$(C, 0, 0)$	− 3. 05217	− 5. 38637	0. 001	平稳
X_2	$(C, 0, 1)$	− 3. 05217	− 2. 23103	0. 203	不平稳
DX_2	$(C, 0, 0)$	− 1. 96281	− 2. 33520	0. 023	平稳

变量	检验方式	ADF 统计量	5% 临界值	P 值	是否平稳
X_3	$(C, t, 0)$	-3.04039	-1.63591	0.445	不平稳
DX_3	$(C, 0, 0)$	-3.05217	-3.69698	0.015	平稳
X_4	$(C, 0, 1)$	-3.05217	-1.36740	0.573	不平稳
DX_4	$(C, t, 0)$	-1.96281	-2.03194	0.043	平稳
X_5	$(C, 0, 0)$	-3.04039	-0.54360	0.861	不平稳
DX_5	$(C, 0, 0)$	-3.05217	-3.98401	0.008	平稳

注：检验方式 (C, t, k) 表示单位方程中含有常数项、趋势项和滞后阶数；D 表示序列的一阶差分。

2. 协整检验

对于多变量的协整检验，如果采用 EG 检验就无法找到两个以上的协整变量，约翰森（Johansen）和居斯利斯（Juselius）提出了一种基于向量自回归模型的多重协整检验法，即 Johansen – Juselius 检验（JJ 检验）。具体做法如下。

假设有一个 VAR 模型：

$$y_t = C_1 y_{t-1} + C_2 y_{t-2} + \cdots + C_p y_{t-p} + e_t \tag{4-4}$$

y_t 为 n 维随机向量，C_i $(i = 1, 2, \cdots, p)$ 是 $n \times n$ 阶参数矩阵，e_t 为扰动向量。将式（4-4）进行差分变化后，可得：

$$\Delta y_t = \varphi y_{t-1} + \sum_{i=1}^{p-1} \varphi_i \Delta y_{t-i} + e_t \tag{4-5}$$

其中，φ 和 φ_i 均为 $n \times n$ 阶参数矩阵，秩为 r，是对 y_t 的长期调整和短期调整。

由于 $I(1)$ 过程经过差分变换将变为 $I(0)$ 过程，也就是说式（4-5）中的 Δy_t 和 Δy_{t-i} 都是 $I(0)$ 变量构成的向量，因此，如果 φy_{t-1} 与 Δy_t 和 Δy_{t-i} 一样为 $I(0)$ 变量构成的向量，则变量之间的协整关系存在，协整向量的个数取决于矩阵 φ 的秩的个数。

设矩阵 φ 的秩的个数为 r，则存在三种情况，$r = k$，$r = 0$，$0 < r < k$。

若 $r = k$，显然只有当所有变量都是 $I(0)$ 变量时，φy_{t-1} 才是 $I(0)$ 变量构成的向量，而这与已知相矛盾，由此可知 $r < k$；

若 $r = 0$，则 φ 为 0，式（4-5）中的各项都是 $I(0)$ 变量，协整关系

无须讨论；

若 $0 < r < k$，说明存在 r 个协整关系，其余 $k-r$ 为 $I(1)$ 变量。

协整关系的个数可以通过迹检验 $\lambda_{trace} = -T\sum_{i=1}^{n}\ln(1-\lambda_i)$ 和最大特征根检验 $\lambda_{max} = T\ln(1-\lambda r+1)$ 来计算，其中，λ_i 为矩阵 φ 按大小排列的第 i 个特征根，T 为观测期总数。对于迹检验 $H_0 : r < n$，则最多存在 r 个协整关系；$H_1 : r = n$，则存在 n 个协整关系。对于最大特征根检验 $H_0 : r = k$，$k = 1, 2, \cdots, n$；$H_1 : r \leqslant n+1$。两个检验的原假设都暗含着 $\lambda_{r+1} = \lambda_{r+2} = \cdots = \lambda_n = 0$，这说明系统中存在 $n-r$ 个单位根，先设原假设中有 n 个单位根，则 $r = 0$，此时拒绝 H_0 假设，系统中存在一个协整关系；继续设原假设中有 $n-1$ 个单位根，若仍拒绝 H_0 假设，则说明系统中存在两个协整关系；依次检验，直到接受 H_0 假设为止。

本书使用 JJ 检验，检验结果如表 4-4 所示。

表 4-4　JJ 检验结果

变量	特征值	迹统计量	5% 临界值	结论
YX_1	0.222698	4.282753	3.841	Y
YX_2	0.112236	2.023839	3.841	N
YX_3	0.210076	4.008921	3.841	Y
YX_4	0.274955	5.465865	3.841	Y
YX_5	0.043838	0.762084	3.841	N

注：结论所在列中 Y 表示存在协整关系，N 表示不存在协整关系。

通过表 4-4 的检验结果可以看出，Y 与 X_2、X_5 不存在协整关系，而与 X_1、X_3、X_4 存在协整关系，估计出的协整方程为：

$$Y = -1.386129 \times X_1 + 31.65949$$
$$(-0.820)$$
$$Y = -0.14895889 \times X_3 + 29.1366$$
$$(-0.1044)$$
$$Y = -6.03102231433 \times X_4 + 72.260$$
$$(-2.313)$$

以上协整方程表明，美国 GDP 增长率、中国技术进步率、人民币兑美元汇率这三个解释变量对中美贸易摩擦数量具有显著的影响。

3. Granger 因果检验分析

格兰杰（Granger）因果关系的定义是：若在包含变量 X 、Y 的过去信息的条件下，对变量 Y 的预测效果要优于只单独由 Y 的过去信息对 Y 进行的预测效果，则说明变量 X 的过去信息有助于解释变量 Y 的变化，则认为变量 X 是导致变量 Y 的格兰杰原因。考察 X 是否对 Y 有影响的问题，主要看当期的 Y 在多大程度上能被 X 的滞后变量解释，因此要在方程中加入 X 的滞后项，判断解释程度是否提高。如果解释程度提高，即可认为 X 是 Y 的格兰杰原因，具体做法如下。

对下面两个模型进行估计：

$$Y_t = \beta_0 + \sum_{i=1}^{m} \beta_i Y_{t-i} + \sum_{i=1}^{m} \alpha_i X_{t-i} + \mu_t$$

$$X_t = \delta_0 + \sum_{i=1}^{m} \delta_i X_{t-i} + \sum_{i=1}^{m} \lambda_i Y_{t-i} + \nu_t$$

提取包含 X 滞后项回归的残差平方和 RSS_U 以及不包含 X 滞后项回归的残差平方和 RSS_R ，计算 F 统计量：

$$F 统计量 = \frac{(RSS_R - RSS_U) / m}{RSS_U / (n - k)}$$

其中 m 为 X 的滞后项个数，n 为样本容量，k 为包含可能存在的常数项及其他变量在内的无约束回归模型的待估参数的个数。

在给定的显著性水平 α 下，如果计算的 F 统计量大于 F 分布的相应临界值 $F_\alpha(m, n-k)$，则拒绝原假设，认为 X 是 Y 的格兰杰原因。同理，检验 Y 是不是导致 X 的原因，需要重复上述步骤，检验结果如表 4 - 5 所示。

表 4 - 5　Granger 因果检验结果

变量	原假设	F 统计量	P 值	结论
YX_1	X_1 不是 Y 的 Granger 原因	0.184	0.0302	拒绝原假设
	Y 不是 X_1 的 Granger 原因	1.228	0.0414	拒绝原假设
YX_2	X_2 不是 Y 的 Granger 原因	1.366	0.4241	接受原假设
	Y 不是 X_2 的 Granger 原因	10.579	0.1402	接受原假设

续表

变量	原假设	F 统计量	P 值	结论
YX_3	X_3 不是 Y 的 Granger 原因	0.105	0.0034	拒绝原假设
	Y 不是 X_3 的 Granger 原因	8.267	0.0502	拒绝原假设
YX_4	X_4 不是 Y 的 Granger 原因	1.666	0.0377	拒绝原假设
	Y 不是 X_4 的 Granger 原因	6.350	0.0795	拒绝原假设
YX_5	X_5 不是 Y 的 Granger 原因	0.452	0.7954	接受原假设
	Y 不是 X_5 的 Granger 原因	0.523	0.7545	接受原假设

注：P 值是原假设成立的概率，如果 P 值 >10%，则接受原假设，反之拒绝原假设。

通过格兰杰因果检验可知：Y 与 X_1、X_3、X_4 之间存在双向的格兰杰原因，即 Y 是 X_1、X_3、X_4 的格兰杰原因，同时 X_1、X_3、X_4 也是 Y 的格兰杰原因，它们互为格兰杰原因。这与协整检验得出的中美贸易摩擦数量与美国 GDP 增长率、中国技术进步率、人民币兑美元汇率之间存在长期均衡关系是一致的，即格兰杰因果检验结果与协整检验结果一致。

三　实证检验结果分析

第一，美国 GDP 增长率在 5% 的显著性水平下构成了中美贸易摩擦数量的格兰杰原因，并且，协整方程 $Y = -1.386129 \times X_1 + 31.65949$ 显示美国 GDP 增长率对中美贸易摩擦数量具有负向的影响，这与书中前面的分析结果一致。这说明当美国经济增速下降、经济下滑或经济遭遇危机后的一段时间，贸易摩擦数量会呈现上升趋势，因为经济的疲软态势会导致国内有效需求不足，进一步加剧产能过剩。在产能过剩的条件下，对有限市场的争夺必然会使美国采取贸易保护主义政策，引发贸易摩擦。

第二，美国失业率并不是产生中美贸易摩擦的格兰杰原因，说明美国失业率与中美贸易摩擦数量没有明显的相关性，这一点也可以从本书前面的分析结果中得到解释。通常情况下，GDP 增速下降或遭遇经济危机后，失业率会上升，阶级矛盾和各种社会问题也会加剧，而此时，美国政府为了掩盖其在解决复苏和民生问题上的低效与乏力，巩固执政地位，往往会通过制造贸易摩擦的形式转移国内阶级矛盾，把国内问题转嫁给经济全球化，让失业者认为是经济全球化抢走了他们的"饭碗"，从而使贸易摩擦具备了国内阶级基础，得到利益受损群体的支持。因此挑起贸易摩擦只是美国政府转嫁国内阶级矛盾、巩固执政地位的一种战略手段，并非真正为了解决国内失业以及不平等问题。

第三，中国技术进步率在5%的显著性水平下构成了中美贸易摩擦数量的格兰杰原因，并且协整方程 $Y = -0.14895889 \times X_3 + 29.1366$ 显示中国技术进步率对中美贸易摩擦数量具有负向的影响。这一点看似不符合常理，但在政治经济学分析框架下并结合中美国情，则很容易得到解释。根据戈莫里和鲍莫尔的两国模型（假设世界上只有两个国家，发达国家美国和相对不发达国家中国），使发达国家福利最大化的最优产业分布并非让其从事所有产业类型，而是把有限的资源更多地分配在能够最大化获得价值增殖的产业中。因此，相对不发达的国家通过学习获得了劳动生产率水平的提高，并且凭借较低的工资水平取得竞争优势，超越发达国家，使其让渡一些劳动密集型产业，此结果会使两国的产业分布更加均衡（即发达国家主要从事资本、技术密集型产业和价值链高端生产环节，发展中国家主要从事劳动密集型产业和价值链低端生产环节），国民收入水平均得到提高，世界收入增加。也就是说，当相对不发达国家在与发达国家不发生经济利益冲突的劳动密集型产业或生产环节中取得技术进步时，会使贸易双方均受益，此时的贸易双方处于互利区，贸易摩擦数量会相应减少。这就是之前很长一段时间以来的中美贸易情况，在相当长的一段时间里，中国与美国之间的经济发展水平存在较大差距，双方处于贸易的互利区，中国的技术进步会实现帕累托改进效应。但是，当中国的技术进步积累到一定程度后，就会改变国内的资源要素禀赋结构及比较优势，进而改变产业结构。当中国的产业开始更多地向高科技领域延伸时，其技术水平的进一步提高就会损害美国的利益，此时两国利益在本质上是对立的，双方贸易进入冲突区，贸易摩擦数量随之增多。其实，从表4－2中可以看出，2011年以后，中国技术进步率与中美贸易摩擦数量呈现明显的正相关性，这说明2011年是中美贸易从互利区步入冲突区的一个转折点。在本章的检验结果中，二者之所以呈现负相关性可能是因为在2000～2011年这段较长的时间里，中美双方贸易更多地体现为互利性。

第四，人民币兑美元汇率在5%的显著性水平下构成了中美贸易摩擦数量的格兰杰原因，并且协整方程为 $Y = -6.03102231433 \times X_4 + 72.260$，表明人民币兑美元汇率与中美贸易摩擦数量具有负相关性，这与书中前面的分析结果一致。这说明当人民币兑美元汇率下降时，美国通常会采取汇率狙击手段将中国列为"汇率操纵国"，制造贸易摩擦，迫使人民币升值，以实现其政治、经济等多重目的。

第五，中美贸易顺差额并不是产生中美贸易摩擦的格兰杰原因，说明中美贸易顺差额与中美贸易摩擦数量没有明显的相关性，这一点也可以从本书前面的分析结果中得到解释。长期以来在中美贸易中，中国虽然处于顺差地位，但实际上由于双方在产品价值链上的所处地位不同，中国从中美贸易中获得的利润很少，美国则相反，虽然在表面上显示为对中国的贸易逆差，但实际获利却很丰厚。因此，作为实际利润的获得者，美国以中美贸易失衡导致其利益受损为由挑起贸易摩擦并不符合客观事实，贸易逆差只是美国挑起贸易摩擦的表象，根本原因在于阻止中国产业结构升级，遏制中国发展。

第五章

贸易摩擦问题政治经济学分析的
若干结论及应对策略

作为一个社会主义大国，中国在发展的过程中不可避免地会与其他国家尤其是发达国家发生摩擦。任何国家都有权利捍卫自己的国家利益，这是各国的平等权利，在国际贸易中同样如此。在平等权利抗衡的过程中，傲慢、霸凌、苦情、示弱都无济于事，只有理性和力量才能最终占据上风。在逆全球化浪潮风起云涌、国际局势复杂多变、贸易保护主义频繁引发贸易摩擦的背景下，中国唯有立足国情，坚持马克思主义政治经济学的立场、观点和方法分析复杂形势，坚持运用新时代中国特色社会主义政治经济学指导经济工作，在矛盾、挑战中捍卫国家利益，才能够从容应对贸易摩擦，转危为机，实现国家发展。

第一节　贸易摩擦问题政治经济学分析的
若干结论

结论一：并非所有贸易都是双赢的。

传统贸易模型和新贸易模型均认为贸易可以实现各贸易国之间的互利共赢，提高各国的整体福利水平。这一结论是建立在小国假定、规模收益递减、完全竞争等严格假设基础之上的，适用于自然因素在产业发展中起主导作用的农业社会。然而，当今的经济发展早已突破了古典贸易模型中规模收益递减的假设，因此，在对原始模型的假设（小国假定、规模收益递减、完全竞争等）进行修正后，即考虑到产业具有保留性（存在规模经济和高进入壁垒），后来者能够通过学习技能获得技术进步和劳动生产率的提高，从而实现赶超战略的情形时，就会发现传统贸易理论中由自然优势确定的唯一结果将不复存在，世界贸易出现了多重均衡。多重均衡的出现说明贸易国之间存在固有的国家利益冲突，对一国最有利的结果往往不利于另一国，这就意味着国际贸易在某些条件下是一种零和的结果。国家间经济利益关系的矛盾与冲突使得各国频繁地制造贸易摩擦以应对贸易引发的竞争。在传统贸易理论不能对当今贸易摩擦问题提供有力解释的情况下，本书尝试运用马克思主义政治经济学分析此问题。

结论二：贸易摩擦反映的是各国在争夺国际超额利润过程中所发生的经济利益关系的变化。

贸易摩擦的本质是国家间经济利益关系矛盾运动的产物，而国际贸易中的经济利益关系是在对国际超额利润的追逐和争夺过程中形成的，因此，国际超额利润分配的变化能够引起国际经济利益分配关系的变化，进而产生贸易摩擦。国际超额利润分配的变化一方面来自国别价值低于国际价值的差额，是从劳动生产率较低的生产者所创造的价值向劳动生产率较高生产者的转移，是在价值形成的过程中发生的；另一方面来自价值实现，国际超额利润主要由不参与利润率平均化、难以形成生产价格并最终以高于生产价格的国际价值实现商品价值的垄断产业或价值链生产环节获得。基于这两方面因素，各国在对国际超额利润追逐的过程中所形成的经济利益分配关系是：发达国家主要从事资本、技术密集型产业，掌握全球价值链的高端环节和高附加值领域，是国际超额利润的主要获得者；发展中国家主要从事劳动密集型产业和全球价值链中的加工、组装等低端环节，难以获得国际超额利润。但是，在技术后天可学、生产力水平可变的现代工业社会中，各国所获得的国际超额利润不是一成不变的，当影响国际超额利润生成因素的劳动生产率和垄断地位发生改变时，国家间经济利益分配关系就会变化，在变化过程中，所获利润下降、利益受损或自认为利益受损的国家极易挑起贸易摩擦。

结论三：贸易摩擦多发是逆全球化现象的重要表征之一。

从当前国际经济贸易的发展形势来看，近年来，欧美发达国家贸易保护主义趋势明显，如英国脱欧、乌克兰危机、意大利修宪公投失败等。2017 年，特朗普就任美国总统，提出"美国优先"战略，先后退出《跨太平洋伙伴关系协定》（TPP）、《巴黎气候变化协定》、世界卫生组织等多个全球合作组织或协定，保护主义势头强劲，不断向世界"开火"，对盟友及近邻挑起贸易摩擦，贸易保护主义愈演愈烈。更进一步地，2020年初新冠疫情的发生使得原本不景气的国际贸易环境进一步恶化，多国采取控制社交距离措施，全球需求萎缩，投资规模锐减，产业链、供应链断裂，种种不利因素给世界经济运行带来巨大压力。2020年《全球贸易数据与展望》报告显示，受疫情影响，2020年全球贸易将缩水30%。国际货币基金组织（IMF）在2020年6月发布的《世界经济展望》中预测，2020年全球经济将萎缩4.9%，超过2008年金融危机引发的经济下滑水平，成为20世纪30年代经济大萧条以来最严重的全球经济衰退。在全球有效需求萎缩、国际贸易规模锐减、经济面临严重衰退的背景下，各国的产能过剩现象会进一步加剧，面对疫情之下不断恶化的国际贸易环境，世界市场对于消化过剩产能的作用变得十分有限。因此，立足国内市场化解过剩产能成为各国的首要选择；为了保护国内市场免受国外产品竞争，各国会纷纷采取贸易保护主义手段以减少进口产品对本国产品的冲击，贸易摩擦愈演愈烈。同时，在经济衰退的背景下，一方面，资本主义发达国家内部的失业、阶级分化等社会问题会进一步加剧，中下层民众的境况越发糟糕，新自由主义全球化过程中所形成的难以调和的阶级矛盾很容易被激化。此时，由全球化利益受损群体如中下阶层、非熟练工人和低技能劳动者所推动的反向保护主义运动便会顺势而上。另一方面，长期以来由金融资本推动的新自由主义造成了发达国家内部严重的产业"空心化"现象，经济结构呈现出了典型的"倒金字塔"式结构。在这种情况下，疫情所导致的全球产业链、供应链的严重断裂会促使资本主义发达国家掀起以"控制资本流向"为目的的逆全球化运动，包括：采取优惠政策等各种软硬手段促进制造业回流以重建产业资本和工业资本；采取贸易和投资限制措施，限制他国在本国的企业并购、金融投资等；以技术垄断优势打压发展中国家，迫使其进一步开放市场，为本国企业提供发展机遇。在以上几方面的共同作用下，结合贸易摩擦生成因素的政治经济学分析，贸易摩擦多发是所谓逆全球化现象的重要表征之一。

结论四：作为发展中的大国，中国在今后很长的一段时间里会处于贸易摩擦多发期。

随着中国改革创新步伐的加快，中国已经进入后工业化时期，传统产业不断升级，新兴产业正加速发展，许多新一代信息技术产业如5G、人工智能、工业互联网等已处于世界领先水平，"制造大国"开始向"制造强国"转变，价值链生产环节逐步由低端向中高端迈进。中国的发展势必会与处于全球价值链高端垄断生产环节的发达国家发生摩擦，在激烈的竞争中改变原有的经济利益分配关系。运用戈莫里和鲍莫尔的模型（见图2-5）进行解释，即中国与以美国为首的资本主义发达国家的贸易开始从以共赢为主的互利区向以竞争为主的冲突区转变。同时，随着中国劳动力成本的上升，廉价劳动力在国际超额利润获得中的优势效应逐渐减弱。根据产业和价值链生产环节的梯度转移理论，中国开始将一些劳动密集型产业和劳动密集型生产环节转移至东南亚国家，由此逐步摆脱为发达国家代工的地位，本土创新效应逐步增强，涌现出一批具有自主创新能力的高新技术产业，而这势必会挤占发达国家在中国的投资获利空间，威胁其技术垄断地位，由此产生激烈竞争。在这些因素的共同作用下，中国与发达国家间原有的经济利益分配关系发生转变，经济利益关系出现矛盾与冲突，贸易摩擦不可避免。

结论五：在深刻认识贸易摩擦本质的基础上，要把贸易摩擦应对策略与适应我国社会主要矛盾转化、更好地满足人民日益增长的美好生活需要的政策措施结合起来。

运用马克思主义政治经济学的立场、观点、方法分析贸易摩擦的成因，必须聚焦国家间经济利益关系的变化来厘清贸易摩擦的表面原因与根本原因。例如，在分析中美贸易摩擦时，在把握住中美两国经济利益关系变化的这条主线后，就能够拨开贸易摩擦的表面迷雾以透视其本质。显然，贸易逆差只是美国挑起贸易摩擦的表面原因，根本原因则是美国意图阻止中国产业结构升级，遏制中国发展。因此，可以这样认为，只要中国不停止发展的步伐，中国与其他国家，特别是与发达国家间经济利益关系的矛盾与冲突就不会消失，贸易摩擦就不可避免。进一步地，从中国当前发展阶段来看，我国社会主要矛盾已经转变为人民日益增长的美好生活需要和不平衡不充分的发展之间的矛盾。社会主要矛盾的转变表明随着我国生产力水平的不断提高，人民对日益增长的美好生活需要提出了更广泛和更高的要求。为此，在提高本国供给水平、供给质量的同时，必须扩大对外开放，充分利用好国内国外"两种资源"和国内国际"两个市场"以便更好地满足人民日益增长的美好生活需要。这意味着我们不可能为了减少贸易摩擦而关起国门搞建设,而只能在复杂多变的国际形势中通过全方位的对外开放捍卫国家利益并掌握主动权。因此,在应对贸易摩擦的问题上,要在深刻理解贸易摩擦本质的基础上,把贸易摩擦应对策略与适应我国社会主要矛盾转化、更好地满足人民日益增长的美好生活需要的政策措施结合起来,坚持运用马克思主义政治经济学的立场、观点、方法分析和解决贸易摩擦与国内发展问题。

第二节　我国应对贸易摩擦的策略

基于贸易摩擦中折射的国家间经济利益关系的矛盾运动,我国应对贸易摩擦要采取由表及里的两层策略:从表层策略来看,中国要坚定地捍卫多边贸易体制,加快构建人类命运共同体;从里层策略来看,就是以畅通国民经济循环为主体,以内循环的安全性、确定性来对冲外循环的不确定性和不安全性,进而在畅通国内经济循环的基础上,维系并实现更高水平的外循环。

具体来看,主要应当在以下几个方面采取有效措施。

第一,夯实国家基础,做好自己的事情。中国在发展的过程中会频繁遭遇贸易摩擦,其根本原因在于中国经济规模的扩大以及经济的高质量发展。这一方面挤占了发达国家获得国际超额利润的空间;另一方面冲击了发达国家原有的价值体系。中国在国家制度、价值观等方面所产生的溢出效应和示范效应给以美国为首的资本主义发达国家造成了极大的恐惧,而能否消除这种恐惧的关键就在于中国最终能否在西方发达资本主义国家的围追堵截下实现更大的发展。[①] 因此,面对贸易摩擦,中国必须善于运用马克思主义政治经济学理论分析、解决问题,在保持理性战略定力的同时进一步夯实国家基础,做好自己的事情。

一是在更高层次上完善社会主义市场经济体制,实现经济高质量发展。在社会主义市场经济体制方面,我国还面临诸如市场体系不健全、要

---

① 张杰:《中美经济竞争的战略内涵、多重博弈特征与应对策略》,《世界经济与政治论坛》2018 年第 3 期。

素流动受阻、政府和市场关系处理不当、市场主体活力不能充分发挥等问题，因此要着重在市场经济体制机制的改革创新上下功夫。在发挥市场主体活力方面，要进一步推动国有企业混合所有制改革，稳步推进电力、油气管网、铁路、邮政、烟草等自然垄断行业改革，切实打破行政性垄断，实现政企分开、政资分开并加强政府监管；营造支持多种所有制经济高质量发展的市场、政策、法治和社会环境，破除市场竞争障碍和各种隐性壁垒，激发市场主体活力和创造力。在完善市场经济基础性制度方面，要全面完善产权、市场准入、公平竞争等制度，为各类市场主体营造公平有序的市场竞争环境。在完善要素市场化配置体制机制方面，要充分发挥市场在资源要素配置中的决定性作用，减少政府在要素价格形成过程中的过度干预，建立要素价格充分由市场供求关系决定的价格形成机制；要创新土地、劳动力等要素的市场化配置方式，进一步推动要素市场的统一开放，同时，充分利用"互联网＋流通"模式，降低物流成本，提高流通效率，实现要素的自主有序流动和配置灵活高效。在创新政府服务方式方面，要持续优化政府服务，深入推进"放管服"改革，深化行政审批制度改革和投资审批制度改革，打造政府服务新模式，深入开展"互联网＋政务服务"，健全运用大数据手段进行行政管理和服务的制度规则，打造市场化、法治化、国际化的营商环境。

二是提高全要素生产率对经济增长的贡献。全要素生产率是推动经济持续增长的动力和源泉。党的十九大报告指出，"推动经济发展质量变革、效率变革、动力变革，提高全要素生产率"。当前，传统的生产要素劳动、资本和土地对经济增长的拉动作用都已经进入了瓶颈期。自 2012 年起，我国 16 ~ 59 岁劳动适龄人口的总数及其占总人口的比重都开始逐年下降，与此同时，老年人口的比重不断增加。国家统计局的数据显示，2019 年末，中国 60 岁以上人口达到 2.54 亿人，占总人口的 18.1%，比 2018 年增加439 万人。劳动适龄人口的下降以及老年人口的增加表明我国人口红利优势正在逐渐消失，劳动力作为生产要素对经济增长的拉动作用开始减弱。同时，由于边际递减规律以及资源的稀缺性使得依靠增加资本和土地要素投入量来拉动经济增长的路径受到制约，因此实现经济从中高速增长阶段转向高质量发展阶段就需要充分发挥全要素生产率对经济增长的推动作用。首先要正确处理政府与市场的关系，使"有形之手"和"无形之手"

形成合力，相得益彰，共同发挥作用。其次要在推动技术进步上下功夫。一方面要注重基础研究，强化原始创新，同时要坚持问题导向，在国民经济和社会发展的重大问题领域加强应用研究，集中力量打好重要技术领域的攻坚战。另一方面要加强科技成果的转化。国家统计局的数据显示，我国每年新发明的科技成果超过 3 万项，但转化率仅为 10%，比美国低 70个百分点。这表明，我国有 90% 的研究成果由于缺乏市场需求或资金支持而打了水漂。只有使创新链、产业链、资金链三者有效衔接，即围绕产业链打造创新链，围绕创新链布局资金链，促进新技术产业化、规模化应用，推动技术从能用向好用的方向发展，才能让科技成果落地生根，真正发挥技术进步对经济增长的推动作用。最后要转变优秀人才的培养机制。人才尤其是优秀人才在基础研究领域中的作用至关重要。放眼世界，凡是在基础研究领域领先的国家同样也是能够为其国民提供优质、均等教育的国家，并且这些国家具备良好的科学氛围，如拥有数量较多诺贝尔奖获得者以及世界一流的名牌大学。虽然经过多年的改革与发展，中国的教育水平有了很大提升，中国的学生也能够在许多国际大赛中拔得头筹，但是在他们当中想从事科学基础研究的人、想把科学作为终生事业的人却很少。然而，一个社会如果没有能够形成足够崇尚科学的良好氛围，就只会急功近利，很难产生创造性的科学思想。只有营造鼓励科学、尊重人才的氛围，提高教师待遇，实现教育资源的均衡分配，缩小大城市和贫困地区教育环境、教师工资的差距，才能避免高端人才流失的窘境，让更多的优秀人才投身于教育事业和基础研究领域中。

三是提高关键技术的创新能力。2019 年中国关键零部件、元器件的自给率只有 1/3，核心技术对外依存度较高。而近年来，美国通过中美贸易摩擦全面遏制中国产业结构升级、打压中国高科技企业，在部分核心技术上开出负面清单，导致我国企业核心技术的"卡脖子"现象凸显。因此，为了不在关键技术上受制于人，不被他国"牵着鼻子走"，就必须将这些技术掌握在自己手中，在核心技术上实现突破。首先，要提升内生自主创新能力。在双循环新发展格局的战略指导下，中国本土企业应摒弃长期以来依靠国际大循环建立起来的"开放式技术创新联盟"，将全面自主创新战略摆在当前创新发展的核心位置上。一方面，政府需着重支持核心"卡脖子"技术的基础研发与共性技术供给，为各类所有制企业提供有效激励和促进自主创新的制度环境。另一方面，本土企业需要摆脱长期以来技术能力外生培养的路径，以提升内生自主创新能力为内核的同时，实现自主性与嵌入全球价值链（开放性）的动态平衡。其次，要发挥举国体制对核心技术攻关的重要作用。发挥"政府有为、市场有效"的双重力量，在涉及国家重要战略产业、军工产业等关键技术领域要避免过度依靠市场力量，应以国家利益为主导目标，发挥制度优势，以国家能力实现全国资源的集中配置与统一管理，充分发挥举国体制在重大工程领域科技创新中的关键作用；在实施重大科技项目、核心"卡脖子"技术攻关过程中，既要发挥市场在资源配置中的决定性作用，激发企业的创新活力，同时也要加强知识产权保护等制度建设，维护市场公平，做到"政府有为"；针对在产业中存在共性的技术体系，要以技术创新中心、技术研究中心以及国家实验室为重点支撑，建立科技成果自主创新的连续梯次系统攻关布局。最后，要培育具有全球竞争力的世界一流企业。衡量一个企业是否为世界一流企业，不仅要看它是否具备市场影响力与制定行业标准的话语权，更重要的是看其是否具有可持续竞争力与全面自主创新能力。在双循环新发展格局的战略指导下，区别于依靠国际大循环建立起来的"开放式技术创新联盟"，中国企业迈向世界一流企业的重要支点在于形成整合式创新战略。在国际国内市场统筹发展的战略视野下，对各类所有制企业的自主创新要素进行融通整合，同时推动企业内部的创新要素与企业外部创新主体（科研机构、高校）之间的创新资源整合协同，在安全、开放、协同的基础上全面提升企业的自主创新能力。

第二，化解国内过剩产能。贸易摩擦产生的理论前提是生产相对过剩，在自由贸易条件下，受资本逐利性的驱使，一国国内的生产过剩必然会使得产品急于冲出国门寻求国外市场，当一国商品进入世界市场时，就会挤占其他国家的消费能力，导致商品销路受阻。在生产过剩的条件下，各国为争夺有限市场，必然会采取保护主义，引发贸易摩擦，因此，化解国内过剩产能是减少我国贸易摩擦的重要一环。首先，应强化国家在化解产能过剩中的作用，做到"政府有为"。在资本主义国家，生产过剩是由资本主义的基本矛盾所决定的，虽然无法消除，但资本主义国家很早就在治理产能过剩的问题上进行了成功的实践。如 20 世纪 50 年代，美国通过建立工业产能利用率数据库来观测产业发展情况，为政府提供产能利用的相关信息，政府则为产能过剩企业提供税收减免，及时鼓励企业淘汰落后产能；70年代，德国政府对产能过剩的钢铁企业发放津贴，以降低经济转型对社会造成的冲击；70年代，日本政府通过制定一系列安定萧条企业的产业政策并结合税收优惠等方式，加快淘汰落后产能。中国是社会主义国家，虽然不存在资本主义社会的基本矛盾，但产业组织和产业结构失衡现象的长期存在导致产能过剩现象十分突出。在化解产能过剩的问题上，要借鉴发达资本主义国家的经验，充分发挥政府的作用，同时，结合社会主义国家宏观调控的特有优势，实施有效的产业组织政策和产业结构政策。在产业组织政策上，要从化解和预防产能过剩两方面下功夫，既要为产能过剩企业提供政策导向，推动其在行业内部的并购重组，又要在并购过程中实施严格的事前、事中、事后监管。在产业结构政策上，要坚持供给侧结构性改革不动摇，既要在"三去一降"中"化解旧供给"，又要在产业结构升级、发展新兴产业中"创造新供给"。其次，培育企业"自组织"力量。如果企业具有较强的"自组织"力量，就会通过不断地整合资源，通过兼并、重组等方式消化过剩产能，提高自身竞争力。因此，要以"自组织"为核心构建竞争有效的产业组织，在深化改革的基础上，鼓励各种所有制企业整合自有资源，提高规模经济水平，促进产业集中，避免因过度竞争而导致生产过剩。最后，扩大化解产能过剩的空间，加强国际产能合作。充分利用国际贸易平台，把本国过剩产能以国际合作的方式合理有效地转移出去，重点通过对共建"一带一路"国家的产业及生产环节的转移、基建互通、基础设施投资等形式，实现互利共赢的国际产能合作，化解国内过剩产能。

　　第三，完善贸易摩擦的预警及应对机制。一是建立和完善贸易摩擦预警机制。为避免在贸易摩擦中陷入被动地位，应加快建立和完善我国贸易摩擦预警机制，拓展政府获取有关贸易摩擦相关信息的渠道，包括国外政府网站、商务部驻外经商处、国内外媒体等，进一步完善专项预警、重点领域的重点产品预警和趋势性预警，及时向相关企业通报贸易摩擦信息；建立专业化研究贸易摩擦问题的团队，进一步加强对与我国频繁产生贸易摩擦国家的深入性、系统性、全面性研究，在研究的基础上，甄别相关信息，对这些国家可能采取的贸易政策做出预判，提前制定应对方案，以减少贸易摩擦给我国带来的风险和损失。二是完善贸易摩擦应对机制。首先，在应对策略方面，应坚持分离均衡的贸易摩擦应对策略。由于贸易摩擦尤其是与守成大国美国之间的贸易摩擦很容易转变为金融、汇率、军事等领域的争端，因此，中国必须保持清醒的认识，对不同性质的冲突与矛盾加以区分，如哪些是国家主权问题，哪些是价值观、文化差异，哪些是经济利益上的竞争与冲突，等等。对于在经济利益竞争中产生的分歧与矛盾，如果能够通过对话谈判的方式寻求双方利益契合点，协商解决分歧，就不要将矛盾扩大到其他方面；但是，对于涉及国家主权、经济制度等事关我国根本利益的问题，则要坚守原则问题不容侵犯的谈判底线，要在平等、互利的基础上协商沟通，不接受任何混合形式的博弈策略利益交换，见招拆招，以免落入对方布置的谈判陷阱中。其次，完善"双反"调查的应诉机制。由于部分国家不承认中国的市场经济地位，加之企业应诉反倾销、反补贴能力较差，中国面对很大的"双反"应诉压力。对此，政府相关部门应发挥好桥梁作用，加强与国外反倾销机构的协调与沟通，做好辅助性服务工作；同时要加强对反倾销专业人才的培养，对照反倾销经验成熟国家的标准，集中强化培训，打造一支具有高知识水平和专业素养的反倾销人才队伍；设立"双反"专项应诉基金，为无法承担应诉费用而无力应诉的企业提供资金支持，可参照国外做法依据企业出口数量的多少为其提供一定的资金份额。最后，建立政府、企业、行业协会、高校四者联动的贸易摩擦应对机制。各级政府要建立应对贸易摩擦的常设机制，提高服务及管理水平，及时向应诉企业提供贸易和法律援助，帮助企业成为应对贸易摩擦的主体，同时政府应作为牵头人，将高校的人才优势、行业协会的专业优势结合起来，依托高校研究和行业协会平台，更好地帮助企业解决与应对贸易摩擦。作为应对贸易摩擦的主体，一方面企业要注重核心竞争力的培育，以产品质量应对贸易摩擦。对于从事传统行业的企业而言，要加快调整发展战略，摆脱对劳动力成本的依赖，通过技术创新提高产品质量和定价能力；对于从事新兴产业的企业而言，要以华为公司为榜样，建立长远的战略布局，走自主研发之路。另一方面企业要加强行业自律，规范贸易行为，避免出现竞相压价、损人利己、恶性竞争等行为，同时要加强对 WTO 规则及贸易救济调查相关法律知识的了解，掌握国际贸易诉讼案件的危害后果、处理方式及应诉渠道。

第四，与贸易伙伴共同构建贸易利益平衡机制，减少贸易冲突。贸易摩擦产生于各国获取贸易利益的非平衡性，因此，在应对贸易摩擦问题上，中国可以探索形成一个能够促使各贸易国之间利益平衡的机制，通过增加贸易上的互惠互利，降低贸易摩擦发生的可能性。针对产生贸易摩擦较多的行业，可以考虑加大与贸易国在该行业中的相互投资，促进共同开发与技术合作，平衡贸易伙伴之间的利益诉求；针对相对落后的发展中国家，可以在对外经济合作中给予更大的援助，提升其参与国际贸易的能力及贸易获利水平，以缓和与中国企业的贸易摩擦；针对发达国家和经济实力较强的发展中国家，可以加强相互间的沟通，协调彼此利益，在资金、技术、人才方面相互配合，在环境保护、文化、教育、医疗等各方面展开合作对话，创新贸易可持续发展路径。

第五，推进贸易高质量发展，扩大对外开放。一是提升产品生产环节在全球价值链中的地位。虽然我国在全球价值链生产环节中的地位与从前相比有所提高，但从总体上来看，仍处于价值链中加工、组装的低端环节。这种情况一方面会导致与劳动力成本较低的发展中国家展开激烈竞争，压缩贸易的获利空间，同时会使我国成为最终产品的出口国，导致发达国家经常以与中国的贸易逆差为由挑起贸易摩擦；另一方面由于产品的中间关键环节仍然掌握在发达国家手中，我国很容易因关键价值链的断裂而陷入被动局面，难以掌握贸易摩擦的主动权，只有推进产品价值链升级，提升我国在全球价值链分工中的地位，才能在应对贸易摩擦中变被动为主动。首先要充分利用信息技术，将信息技术融合到产品的加工制造环节中，同时采用高端设备对传统工艺流程进行整合和改造，提升价值链中加工制造生产环节的工艺水平，实现向"微笑曲线"两端位置的延伸。其次要提高企业中间产品的配套生产能力。鼓励企业投资中间产品的生产，为投资中间生产环节的企业提供优惠政策、给予资金支持，引导其增加研发投入，提高国产零部件的技术含量，通过中间产品生产环节的进口替代，延长国内产业链条。最后要拓展生产服务环节，推动生产环节实现功能与结构的升级。鼓励企业增加和延伸生产性服务功能，支持企业向生产服务领域转型，推动生产环节从加工制造向研发、销售、服务的升级，实现比较优势从廉价劳动力成本向技术和综合服务能力的转变，延长产品价值链条。二是促进生产方式由物耗型向清洁型转变，实现贸易的高质量发展。长期以来，中国作为"世界工厂"，承接了大量来自发达国家的资源、环境消耗型产业和生产环节，导致我国物耗严重，环境污染问题突出。对此，要加快推动生产方式向集约型、清洁型转变，坚持"减量化、再利用、资源化"原则，在生产输入端降低能源的物耗水平，在输出端增加废物回收利用次数，提高资源利用率，实现生产过程的低消耗、低排放、高循环。在此基础上，完善碳排放的相关法律，逐步推进碳关税的实施，限制碳产品进口，减少高消耗外资的进入，鼓励境外资产更多地投向医药、航空、电信等新兴产业领域，从而优化外资结构，提高对外贸易质量。三是建立高水平的开放型经济体系。在全球化逆转、贸易摩擦加剧的背景下，面对美国的贸易保护主义和单边主义，习近平总书记指出："中国开放的大门不会关闭，只会越开越大。"① 要对标国际先进水平，持续优化我国外商投资环境，降低市场准入条件及制度性交易成本，优化资源配置机制，促进生产要素自由流动，提高服务水平和依法办事流程的透明度。加强知识产权保护，强化相关执法，进一步维护外商投资的合法权益。要在自贸区内推动制度创新，着眼国际高标准贸易和投资规则，建设国际化、市场化、法治化的营商环境，提高自贸区投资的便利化程度，逐步消除投资和贸易壁垒。主动扩大进口，降低进口产品的关税，以满足人民日益增长的对高质量产品的需求。四是以"一带一路"倡议作为"走出去"的重点，扩大对外开放。加强与共建"一带一路"国家的经济交往与产业合作，打破制约资金、技术、人才等要素流动的壁垒；主动寻找与共建"一带一路"贸易国在发展上的契合点，找准当地需求，实现战略对接，推动低端产业链向欠发达地区的合理转移；加强在人文领域的交流，推动在教育、卫生、文化、体育、智库等领域的务实合作；充分发挥基础设施对共建"一带一路"国家的互联互通和辐射带动作用，逐步构建以第二亚欧大陆桥为战略支柱，以中欧班列等为引领，以铁路、港口为依托的互联互通网络。

第六，完善内需体系，畅通经济内循环系统。在逆全球化风起云涌，贸易摩擦不断加剧之时，可能也正是我国企业、产业界反思的最佳时点。鉴于在特定的时点上，市场规模、市场范围有限性是一个不争的事实，不论是一国的市场，还是世界的市场都是如此。所以，在经济学观念上，有

① 《十九大以来重要文献选编》（上），中央文献出版社，2019，第24页。

必要完成一次从经济浪漫主义向经济现实主义的转型。而以畅通国民经济循环为主体，以内循环的安全性、确定性来对冲外循环的不确定性和不安全性，进而在畅通国内经济循环的基础上，维系并实现更高水平的外循环，是我国在逆全球化浪潮中实现经济高质量发展的关键一招。经济内循环包括生产、分配、交换、消费四个环节，其中生产是出发点，消费为落脚点，要从供给侧和需求侧两端同时发力畅通经济内循环系统。供给侧方面要通过进一步完善社会主义市场经济体制，激发微观经济主体的活力和创新力，做优做强中国企业，不断提升价值链分工地位和中国产品的技术含量，提供更高水平、更高质量的商品、服务供给。需求侧方面应主要从分配和消费着手。一是要完善收入分配体系，坚持效率与公平相结合。首先要坚持"稳就业"的政策导向，鼓励创新创业，不断创新就业形态，拓宽就业渠道，增强就业能力。其次要继续推进减税降费改革，尤其是在宏观税负不会明显减少的基础上进一步实行结构性减税降费，加大对中低收入群体的减税、退税力度，适度提高个税起征点和最低工资收入水平。最后要通过完善税收、转移支付等收入再分配机制实现分配公平，健全社会保障体系，实现基本公共服务均等化。二是要释放国内消费潜力，加快消费转型升级。首先，加快推进实施以人的城镇化为核心的新型城镇化战略，培育发展现代化都市圈，着力构建城乡融合消费网络，释放消费潜力。其次，提高民生保障水平，为消费减少后顾之忧，尤其要在教育、医疗、就业、养老等方面增加公共消费支出，完善基本公共服务体系。如在教育方面，要加快将幼儿教育纳入公共服务支持体系，对幼儿教育提供财政支持；在养老方面，要加快推动社会养老服务体系建设，提高农村基础养老金水平。再次，要加快中西部基础设施建设，促进传统的劳动密集型产业和生产环节向中西部转移，增加中西部地区的生产和消费需求。最后，要促进消费的数字化转型，构建"智能＋"消费生态体系，不断创新消费的新业态、新模式，探索新的消费增长点，完善有利于新型消费体系建设的体制机制，健全消费信用体系和售后服务体系，运用信息化手段加强对消费市场的监管，为消费者营造放心消费、安全消费的制度环境。

第七，加强金融市场监管，防范金融风险。为避免一些别有用心的国家将贸易战升级为金融战，我国要在金融领域做好防范措施，加强金融市场监管，防范金融风险。在外部环境复杂多变的背景下，要稳定好股票、房地产市场，引导金融资本更多地流向实体经济，避免出现脱实向虚的问题；要加强对各金融机构在贯彻落实"房住不炒"理念上的监管，以免出现资产泡沫化倾向；要进一步加大对不良贷款的处置力度，控制各部门的杠杆率水平，提高金融抗风险能力；要创新金融监管手段，运用互联网等新型技术手段对金融风险的苗头做出预判；在汇率方面，要重点防范美国可能采取的汇率狙击手段，坚守汇率政策的独立性原则，绝不允许其他国家采取别有用心的手段对我国汇率政策进行干预，同时要将人民币汇率的波动稳定在合理区间，对人民币汇率出现波动的原因进行识别和预判，以应对可能发生的金融战。

第八，构建基于人类命运共同体的"新全球化"方略。马克思、恩格斯的经济全球化理论虽然没有关于应对贸易摩擦问题的明确表述，但蕴含了经济全球化负面效应的解决方案，即构建"自由人的联合体"。他们指出：在资本剥削基础上构建起来的"虚幻的共同体"对于被统治阶级来说是沉重的桎梏。[①] 而"自由人的联合体"是对"虚幻的共同体"的修正，是建立在人类整体利益基础上的真正合理的共同体。作为马克思主义的践行者，中国已经提出了修正"虚幻的共同体"的方案，即构建人类命运共同体，遵循共商共建共享原则，从而实现由"虚幻的共同体"向"自由人的联合体"的过渡，从长远的角度应对逆全球化产生的贸易摩擦问题。作为方略的提出者，中国首先要以身作则，不搞单边主义，摒弃冷战思维和强权政治，维护 WTO 多边贸易体制，进一步扩大对外开放，加强与世界各国之间的交往与联系。其次要秉持"相互尊重、公平正义、合作共赢"的发展理念，坚持国家不分大小、强弱、贫富一律平等，扩大发展中国家在国际事务中的发言权，助力全球分配不均、落后国家增长乏力等问题的解决，努力实现与发达国家平等协商、共同制定国际经济秩序的目标，促使全球化成果惠及更多国家的不同群体。最后要充分发挥负责任大国的作用，为世界发展创造更多机遇，贡献中国力量。进一步降低进口关税税率，培育进口贸易促进示范区，充分利用中国国际进口博览会和中国国际服务贸易交易会为世界各国创造更多需求；深化推进共商共建共享的"一

---

① 《马克思恩格斯文集》（第 1 卷），人民出版社，2009，第 571 页。

带一路"建设，实现同各国、各地区发展战略的互联互通和规划对接，加强与各国在产业、经贸、科技创新、公共卫生、人文等领域的务实合作，致力于打造一条复苏之路、增长之路、合作共享之路、绿色健康之路，推动世界共同发展。

参考文献

蔡四青：《隐性国际贸易摩擦与预警机制建立的对策》，《经济问题探索》2006 年第 6 期。

曹水群、许建琴：《"中国国家资本主义"论调的真面目》，《山西高等学校社会科学学报》2019 年第 6 期。

陈永志、李细满：《马克思国际价值理论与当代国际价值的变化》，《当代经济研究》2007 年第 1 期。

陈勇：《国际产业转移背景下的中国对外贸易摩擦》，《东北财经大学学报》2007 年第 3 期。

程建华：《马克思的世界市场和国际价值理论及现实意义》，《经济经纬》2003 年第 5 期。

崔朝栋：《超额剩余价值的来源问题与马克思劳动价值论》，《当代经济研究》2009 年第 10 期。

崔向阳、崇燕：《马克思的价值链分工思想与我国国家价值链的构建》，《经济学家》2014 年第 12 期。

丁纯、强皓凡、杨嘉威：《特朗普时期的美欧经贸冲突：特征、原因与前景——基于美欧贸易失衡视角的实证分析》，《欧洲研究》2019 年第 3 期。

丁强：《论 20 世纪 80 年代的美日汽车贸易摩擦——以日本对美汽车出口自主限制为视角》，《长春师范大学学报》（人文社会科学版）2014 年第 9 期。

丁一兵、张弘媛：《中美贸易摩擦对中国制造业全球价值链地位的影响》，《当代经济研究》2019 年第 1 期。

范方志、胡梦帆、李顺毅：《从马克思主义的视角解析当代发达资本主义国家的产业结构》，《马克思主义研究》2012 年第 10 期。

高维新、蔡春林：《中国与发展中国家贸易摩擦的深层次原因探析》，《国际经贸探索》2009 年第 9 期。

葛浩阳：《全球经济的"不可能三角"真的不可能吗——对丹尼·罗德里克全球化理论的批判性考察》，《经济学家》2019 年第 6 期。

郭霞：《后危机时期美国对华贸易政策决策分析》，《南京政治学院学报》2014 年第 1 期。

何炼成、何林：《国际价值新论》，《当代经济研究》2003 年第 7 期。

何伟文：《科学认识逆全球化，推进包容性全球化》，《探索与争鸣》2018 年第 1 期。

胡博成：《中美贸易争端发生的深层机理与应对方略——基于马克思主义政治经济学的视角》，《改革与战略》2020 年第 1 期。

胡方：《国际价值、贸易利益与经济政策》，《当代经济研究》2017 年第 7 期。

胡方：《日美经济摩擦的理论与实态——我国对日美贸易的对策与建议》，武汉大学出版社，2001。

胡莹：《"消费不足论"还是"生产过剩论"——评马克思主义经济危机理论早期的一个争论》，《当代经济研究》2015 年第 7 期。

黄惠：《贸易摩擦、逆全球化发生的深层机理与应对方略——基于马克思主义政治经济学的分析》，《经济问题探索》2020 年第 4 期。

黄晓凤：《贸易模式的转型与国际贸易摩擦的化解》，《国际经贸探索》2010 年第 3 期。

〔英〕卡尔·波兰尼：《大转型：我们时代的政治与经济起源》，冯钢、刘阳译，浙江人民出版社，2007。

〔美〕拉尔夫·戈莫里、威廉·鲍莫尔：《全球贸易和国家利益冲突》，文爽、乔羽译，中信出版社，2018。

黎峰：《全球价值链分工视角下的中美贸易摩擦透析》，《南方经济》2019 年第 7 期。

李滨、陈怡：《高科技产业竞争的国际政治经济学分析》，《世界经济与政治》2019 年第 3 期。

李秉濬：《高科技的作用与价值创造》，《经济学家》2002 年第 4 期。

李定中：《技术创新劳动在价值创造中的独特作用》，《经济经纬》2003 年第 1 期。

李俊慧：《中日贸易摩擦与中日两国产业的结构关系》，《国际贸易问题》2003 年第 8 期。

李天成：《马克思资本有机构成理论的当代价值》，《中国社会科学报》2016 年 9 月 29 日。

李真：《国际产业转移机理与衍生效应研究——一个基于贸易角度的政治经济学模型分析》，《当代经济研究》2011 年第 6 期。

林学访：《论贸易摩擦的成因与影响》，《国际贸易》2007 年第 5 期。

刘建江、杨细珍：《产品内分工视角下中美贸易失衡中的贸易利益研究》，《国际贸易问题》2011 年第 8 期。

刘威、黄璇：《相对获益与美国对华高技术进口限制研究》，《亚太经济》2019 年第 4 期。

卢映西：《生产过剩：贸易保护主义的根源》，《马克思主义研究》2010 年第 1 期。

陆长平、张凯：《中美贸易争端的深层次思考及应对策略》，《江西社会科学》2019 年第 2 期。

〔美〕罗伯特·布伦纳：《全球生产能力过剩与 1973 年以来的美国经济史（上）》，孙宗伟、许建康译，《国外理论动态》2006 年第 2 期。

〔美〕罗伯特·吉尔平：《国际关系政治经济学》，杨宇光等译，上海人民出版社，2020。

《马克思恩格斯全集》（第 23 卷），人民出版社，1972。

马丽珍：《中美与日美贸易摩擦比较研究》，硕士学位论文，山东师范大学，2012。

裴长洪：《我们应如何看待和应对贸易摩擦》，《学习与实践》2005 年第 8 期。

邱卫东、高海波：《从中美贸易摩擦透析逆全球化的本质及其未来趋势》，《新疆社会科学》2019 年第 3 期。

任锦华：《美国、印度对华反倾销调查原因比较分析》，《北京金融评论》2016 年第 2 期。

沈伟:《历史维度中的日美贸易摩擦:背景、走势和启示——兼谈中美贸易战之困的特质》,《广西财经学院学报》2019 年第 5 期。

帅建林:《中美贸易摩擦治理研究》,西南财经大学出版社,2013。

宋宪萍、康萌:《美国发起贸易争端的缘起反思》,《当代经济研究》2019 年第 9 期。

苏立君:《逆全球化与美国"再工业化"的不可能性研究》,《经济学家》2017 年第 6 期。

孙磊、谭波:《贸易摩擦成因理论研究综述》,《商业经济研究》2015 年第 6 期。

孙伊然:《全球化、失衡的双重运动与"内嵌的自由主义"——基于微观层面的探讨》,《世界经济与政治》2010 年第 5 期。

汪威毅:《中国与发达国家贸易摩擦根源的理论模型与实践验证》,《福建论坛》(人文社会科学版)2009 年第 11 期。

王桂敏、孙佟:《国际贸易摩擦发生的理论诠释》,《科技和产业》2007 年第 11 期。

王厚双等:《直面贸易摩擦——对外贸易摩擦预警机制的构建》,辽海出版社,2004。

王晰:《印度对华反倾销行为的驱动因素分析》,《国际贸易问题》2011 年第 10 期。

王孝松、谢申祥:《发展中大国间贸易摩擦的微观形成机制——以印度对华反倾销为例》,《中国社会科学》2013 年第 9 期。

王雪佳、雷雨清、周全:《美国对华科技企业限制:措施、影响与应对建议》,《产业经济评论》2020 年第 3 期。

王雪婷、马建强:《当代世界体系下的国家定位问题研究——基于国际劳动分工与不平等交换视角》,《现代经济探讨》2014 年第 10 期。

王雪婷、孟祥宁、徐茜:《马克思国际价值理论视角下的国际不平等交换研究》,《当代经济研究》2017 年第 11 期。

王智强:《全球价值链视角下跨国企业垄断利润探析:实现机制与应对策略》,《税务与经济》2018 年第 1 期。

王中保、程恩富:《马克思主义经济危机理论体系的构成与发展》,《经济纵横》2018 年第 3 期。

魏红霞：《〈美墨加协定〉谈判中的各方利益博弈》，《拉丁美洲研究》2019 年第 2 期。

吴峰：《美墨卡车跨境运输争端案及其启示》，《国际商务研究》2015 年第 6 期。

吴红雨：《论产业价值链竞争及其收益分配的决定》，《求实》2016 年第 5 期。

吴宣恭：《国际价值形成和实现的几个问题》，《福建论坛》（人文社会科学版）2007 年第 2 期。

夏征农、陈至立主编《辞海（第六版彩图本）》（第 2 册），上海辞书出版社，2009。

闫克远：《中国对外贸易摩擦问题研究——基于结构的视角》，博士学位论文，东北师范大学，2012。

杨飞、孙文远、程瑶：《技术赶超是否引发中美贸易摩擦》，《中国工业经济》2018 年第 10 期。

杨国昌、钟伟：《从马克思的国际价值理论看国际剥削的新变化》，《当代经济研究》1999 年第 9 期。

杨杰、叶小榕：《发展中国家对华反倾销成因分析及应对策略》，《华北电力大学学报》（社会科学版）2018 年第 6 期。

杨乔乔：《全球性经济问题演变逻辑的政治经济学分析》，《福建师范大学学报》（哲学社会科学版）2020 年第 2 期。

杨圣明：《马克思国际价值理论及其中国化问题》，《经济学动态》2011 年第 8 期。

姚舜禹、姜曦：《浅谈美国钢铁保护主义历史及其战略意义》，《冶金经济与管理》2016 年第 6 期。

尹翔硕、李春顶：《国际贸易摩擦南北不对称与摩擦的形成——基于一个三国贸易模型的分析》，《南开经济研究》2007 年第 5 期。

尹翔硕、李春顶、孙磊：《国际贸易摩擦的类型、原因、效应及化解途径》，《世界经济》2007 年第 7 期。

尤宏兵：《中国与发展中国家贸易摩擦再透视》，《经济问题探索》2010 年第 3 期。

于津平、郭晓菁：《国外对华反倾销的经济与政治动因》，《世界经济研究》

2011 年第 5 期。

俞可平、王伟光、李慎明主编《马克思国际价值理论研究》，中央编译出版社，2010。

喻坤鹏：《贸易摩擦与美国延缓中国发展的策略》，博士学位论文，暨南大学，2010。

〔美〕约翰·福斯特、罗伯特·麦克切斯尼：《垄断金融资本、积累悖论与新自由主义本质》，武锡申译，《理论前沿》2010 年第 1 期。

云理轩：《形成全面开放新格局 推动经济高质量发展》，《社会主义论坛》2020 年第 9 期。

张泓铭：《产能过剩的马克思主义经济学解释——兼论解决之道的需求导向分析》，《毛泽东邓小平理论研究》2018 年第 6 期。

张雷声：《国际价值的研究与劳动价值论的新发展》，《学术界》2002 年第 5 期。

张明志、岳帅：《基于全球价值链视角的中美贸易摩擦透视》，《华南师范大学学报》（社会科学版）2019 年第 2 期。

张淑芹：《贸易保护主义的政治经济学分析》，《商业经济研究》2019 年第 3 期。

张衔、李少武：《国际贸易体系演进的政治经济学分析》，《当代经济研究》2016 年第 11 期。

张小波、李成：《论〈美国－墨西哥－加拿大协定〉背景、新变化及对中国的影响》，《社会科学》2019 年第 5 期。

张彦灵、管欣：《中欧贸易摩擦的原因与趋势探析》，《当代经济》2018 年第 19 期。

张永辉：《马克思国际价值理论视角下的中美贸易研究》，博士学位论文，苏州大学，2013。

赵瑾：《全球化与经济摩擦——日美经济摩擦的理论与实证研究》，商务印书馆，2002。

赵娜、孔祥利：《产能过剩：理论解析和政策选择》，《上海经济研究》2017 年第 5 期。

赵晓、柳阳：《再论中国崛起之"国际经济摩擦时代"》，《国际经济评论》2005 年第 2 期。

钟洪亮：《〈资本论〉生产过剩理论及其现实意义》，《福建师范大学学报》（哲学社会科学版）2015 年第 5 期。

《资本论》（第 1 卷），人民出版社，2004。

《资本论》（第 3 卷），人民出版社，2004。

Arndt, S. W. , "Globalization and the Open Economy," *The North American Journal of Economics and Finance* 1 （1997）.

Arndt, S. W. , Kierzkowski, H. , *Fragmentation: New Production Patterns in the World Economy* （New York: Oxford University Press, 2001）.

Bac, M. , Raff, H. , "A Theory of Trade Concessions," *Journal of International Economics* 42 （1997）.

Baron, D. P. , "Integrated Strategy and International Trade Dispute: The Kodak-Fujifilm Case," *Journal of Economics & Management Strategy* 2 （1997）.

Bhagwati, J. N. , Srinivasan, T. N. , "Smuggling and Trade Policy," *Journal of Public Economics* 4 （1973）.

Bill, P. , "How the Rule of the Market Rules the Law: The Political Economy of WTO Dispute Settlement as Evidenced in the US-Lamb Meat Decision," *Review of International Political Economy* 12 （2005）.

Bown, C. P. , "Trade Dispute and the Implementation of Protection under the GATT: An Empirical Assessment," *Journal of International Economics* 62 （2004）.

Chang, H. F. , "Carrots, Sticks, and International Externalities," *International Review of Law and Economics* 17 （1997）.

Cheh, J. H. , "United States Concessions in the Kennedy Round and Short-Run Labor Adjustment Costs," *Journal of International Economics* 4 （1974）.

Corden, W. M. , *The Theory of Protection* （Oxford: Clarendon Press, 1971）.

Ederington, J. , McCalman, P. , "Discriminatory Tariffs and International Negotiations," *Journal of International Economics* 61 （2003）.

Findlay, R. , Wellisz, S. , "Endogenous Tariffs, the Political Economy of Trade Restriction and Welfare," in Bhagwati, J. N. , ed. , *Import Competition and Response* （Chicago : University of Chicago Press, 1982）.

Gomory, R. E. , Baumol, W. J. , *Global Trade and Conflicting National Inter-*

ests（Cambridge： MIT Press，2000）．

Gould，D. M. ，Woodbridge，G. L. ， "The Political Economy of Retaliation，Liberalization and Trade Wars，" *European Journal of Political Economy* 14（1998）．

Grinols，E. ，Perrelli，R. ， "Politics the WTO and Trade Disputes：Evidence from US Cases，" *Pacific Economics Review* 2（2002）．

Grossman，G. M. ，Helpman，E. ， "Protection for Sale，" *The American Economic Review* 4（1994）．

Johnson，H. G. ， "Optimum Tariffs and Retaliation，" *The Review of Economic Studies* 2（1953）．

Jones，H. W. ， " A Three-Factor Model in Theory，Trade，and History，" *Trade，Balance of Payments，and Growth* 1（1971）．

Kastner，J. J. ，Pawsey，R. K. ， "Harmonizing Sanitary Measures and Resolving Trade Disputes through the WTO-SPS Framework. Part Ⅰ： A Case Study of the US-EU Hormone-Treated Beef Dispute，" *Food Control* 13（2002）．

Kastner，J. ，Powell，D. ， "The SPS Agreement：Addressing Historical Factors in Trade Dispute Resolution，" *Agriculture and Human Values* 19（2002）．

Katzenstein，P. ，*Between Power and Plenty*（Madison：The University of Wisconsin Press，1978）．

Kindleberger，C. P. ， "Group Behavior and International Trade，" *The Journal of Political Economy* 1（1951）．

Krugman，P. R. ， "Intraindustry Specialization and the Gains from Trade，" *Journal of Political Economic* 5（1981）．

Krugman，P. R. ， "Leave Zombies Be，" *Finance & Development* 53（2016）．

Bagwell，K. ，Staiger，R. W. ， "A Theory of Managed Trade，" *American Economic Review* 80（1990）．

Langdon，F. ， "Japan-United States Trade Friction：The Reciprocity Issue，" *Asian Survey*（1983）．

Lavergne，R. P. ，*The Political Economy of U. S. Tariffs：An Empirical Analysis*（New York：Academic Press，1883）．

Branstetter, L. G. , Feenstra, R. C. , "Trade and Foreign Direct Investment in China: A Political Economy Approach," *Journal of International Economics* 58 (2002) .

Marvel, H. P. , Ray, E. J. , "The Kennedy Round: Evidence on the Regulation of Trade in the U. S," *American Economic Review* 73 (1983) .

Peltzman, S. , "Toward a More General Theory of Regulation," *Journal of Law and Economics* 8 (1976) .

Putnam, R. D. , "Diplomacy and Domestic Politics: The Logic of Two-Level Games," *International Organization* 42 (1988) .

Robert, G. , *US Power and the Multinational Cooperation: The Political Economy of Foreign Direct Investment* (New York: Basic Books Press, 1975) .

Samuelson, P. A. , "Recuerden a Los Que Frenaron la Recuperación de Estados Unidos," *Revista de Economía Instituciona* 20 (2009) .

Stigler, G. J. , "The Theory of Economic Regulation," *Bell Journal of Economics* 2 (1971) .

Tullock, G. , "The Welfare Costs of Tariffs, Monopolies, and Theft," *Western Economic Journal* 5 (1967) .

后　记

　　青灯黄卷，杀青甫就，欣慰之余，难掩万千思绪。本书是我在博士学位论文的基础上修改、完善而成的，前后历时六年，能顺利问世也算给予这几千个日日夜夜埋头写作的一个圆满谢幕。在本书即将付梓之际，我要感谢的人有很多。首先，我要衷心地感谢我的导师谢地教授。谢地教授是一位有着浓厚家国情怀的人，同时也是一位在学术的陡峭山路上不畏劳苦、勇于攀登的优秀学者。曾经，老师在吉林大学任教时，是我的硕士生导师；硕士毕业三年后，承蒙老师不弃，我考入辽宁大学经济学院成为老师的博士研究生。十年来，老师以崇高的使命感和责任感、兢兢业业的奉献精神以及严谨务实的治学态度深深影响着我，让我受益终身；十年来，我取得的所有成果几乎都离不开老师的指导和帮助，大到人生道路的选择，小到论文中的每个细节，悉数邮箱里的数十封邮件，无一不倾注了老师的心血；十年来，我要感谢老师对我的理解和包容，面对学生的频繁叨扰，老师无论多忙，都会抽出宝贵时间为我传道解惑，给予我指点和启发，鼓励我在求学道路上不畏挫折、奋勇直前。其次，我要感谢张桂文教授、和军教授、于金富教授对我博士学位论文的指导，你们的宝贵意见让我在论文的写作过程中少走了很多弯路。最后，感谢长期以来给予我关心的家人，是你们的默默守护与付出，才让我能够在科研之路坚持下去。

　　此外，本书提出的一些观点曾发表于《政治经济学评论》《马克思主义与现实》等期刊上，对这些刊物及编辑深表感谢。还要特别致谢社会科学文献出版社的高雁老师和颜林柯老师，感谢她们对本书校对编辑和顺利出版的莫大支持和辛勤付出。

　　由于本人的研究水平有限，书中难免存在不足之处，欢迎各位学界同人批评指正，当然，文责自负。

图书在版编目（CIP）数据

贸易摩擦的政治经济学分析 / 张巩著. —— 北京：
社会科学文献出版社，2023.7
ISBN 978 - 7 - 5228 - 2026 - 2

Ⅰ.①贸…　Ⅱ.①张…　Ⅲ.①国际贸易 - 国际争端 -
政治经济学 - 研究　Ⅳ.①F744

中国国家版本馆 CIP 数据核字（2023）第 117849 号

贸易摩擦的政治经济学分析

著　　者 / 张　巩

出 版 人 / 王利民
组稿编辑 / 高　雁
责任编辑 / 颜林柯
文稿编辑 / 王红平
责任印制 / 王京美

出　　版 / 社会科学文献出版社·经济与管理分社（010）59367226
　　　　　　地址：北京市北三环中路甲 29 号院华龙大厦　邮编：100029
　　　　　　网址：www. ssap. com. cn
发　　行 / 社会科学文献出版社（010）59367028
印　　装 / 三河市尚艺印装有限公司

规　　格 / 开　本：787mm × 1092mm　1/16
　　　　　　印　张：9.75　字　数：160 千字
版　　次 / 2023 年 7 月第 1 版　2023 年 7 月第 1 次印刷
书　　号 / ISBN 978 - 7 - 5228 - 2026 - 2
定　　价 / 98.00 元

读者服务电话：4008918866